**인생이 즐거워지고 비즈니스가 풍요로워지는
SNS소통연구소 교육 소개**

▶ SNS소통연구소는 2010년 3월부터 뉴미디어 마케팅 교육(스마트폰, SNS 마케팅, 유튜브 크리에이터, 프리젠테이션, 컴퓨터 활용 등)을 진행해오고 있으며 3,800여 명의 스마트폰 활용지도사를 양성해오고 있으며 전국 79개의 지부 및 지국을 운영해오고 있습니다.

▶ 교육 문의 : 02-747-3265 / 010-9967-6654
▶ 이메일 : snsforyou@gmail.com

- 현재 전국에 수백 명의 스마트폰 활용지도사 자격증을 취득한 뉴미디어 마케팅 전문 강사들이 강사로 활동 중에 있습니다.

▶ **스마트폰 활용지도사 2급 및 1급 자격증**
- 스마트폰 기본 활용부터 스마트폰 UCC, 스마트폰 카메라, 스마트워크, 스마트폰 마케팅 교육 등 스마트폰 전문강사를 양성하고 있습니다.

▶ **유튜브 크리에이터 전문지도사 2급 및 1급 자격증**
- 유튜브 기본 활용부터 실전 유튜브 마케팅까지 실질적으로 도움이 되고 돈이 되는 교육을 실시하고 있습니다.

▶ **SNS마케팅 전문지도사 2급 및 1급 자격증**
- 다양한 SNS채널을 활용해서 고객을 유혹하고 매출을 증대시킬 수 있는 실전 노하우와 SNS마케팅 효과를 극대화하기 위한 광고 전략 교육을 하고 있습니다.

▶ **프리젠테이션 전문지도사 2급 및 1급 자격증**
- 기업체에서 발표자료를 만들거나 제안서를 만들 때 꼭 알고 활용해야 할 프리젠테이션 제작 노하우를 중점적으로 교육하고 있습니다.

▶ **스마트워크 전문지도사 2급 및 1급 자격증**
- 스마트폰 및 SNS을 활용해서 실전에 꼭 필요한 기능과 업무효율을 높일 수 있는 노하우에 대해서 교육을 진행하고 있습니다.

▶ **디지털문해교육 전문지도사 2급 및 1급 자격증**
- 디지털문해교육 전문지도사가 초등학교부터 대기업 임원을 포함한 퇴직 예정자들까지 디지털 기술 활용에 대한 교육을 진행할 수 있도록 교육을 진행하고자 합니다.

 **책을 내면서...**

유튜버가 도대체 뭐길래?

어린아이부터 어르신들까지 유튜브 세상에 빠져있을까요?

지금 전 세계가 유튜브 열풍입니다.

남녀노소 할 것 없이 유튜브에서 자신이 원하는 정보나 콘텐츠를 찾고 있습니다.

어린아이부터 어르신들까지 유튜버가 되겠다고 난리들입니다.

어린아이부터 어르신들까지 돈을 많이 버는 유튜버들도 소수 있긴 하지만 유튜버를 한다고 무조건 돈을 많이 버는 것은 아니라는 것은 누구나 아는 사실입니다. 그런데도 유튜버에 관심이 쏠리는 이유는 수익을 떠나 자신의 취미나 관심사를 세상 사람들과 공유하고 소통할 수 있는 매력이 있기 때문인 것 같습니다.

불과 몇 년 전만 해도 이렇게까지 전 세계가 유튜브로 열광하지는 않았던 것 같습니다.
그런 연유로는 지난 3~4년 전만 해도 유튜버로서 활동한다는 의미가 특별하고 능력 있는 사람만 콘텐츠를 잘 만들어 낼 수 있고 특정 분야에서 인정받은 사람만이 채널을 운영하면서 돈을 벌 수 있다고 생각했기 때문일 것입니다.

하지만, 지금은 다양한 분야에 걸쳐 유튜브 콘텐츠들이 생산되고 있고 다양한 직업의 사람들이 함께 정보를 공유하면서 유튜브 세상을 만들어 가고 있어서 누구나 쉽게 접근할 수 있고 많은 사람이 유튜버로서 활동하고 있습니다.

유튜버가 되기 위해서는 많은 공부를 해야 하고 많은 돈을 들이지 않아도 쉽게 접근할 수 있습니다.

물론 목적이 무엇이냐에 따라 쉽게 접근을 못 할 수도 있습니다. 가령 직업을 대신해서 돈을 벌어야 하는 게 목적이라면 철저한 준비와 노력이 필요합니다.

하지만, 자기 계발 차원에서 하거나 취미로 유튜버 활동을 한다면 어렵지 않게 시작할 수 있습니다.

비즈니스를 하는 분들에게도 유튜브는 이제 선택이 아닌 필수 SNS 채널입니다.

큰 이유 중의 하나는 고객들이 유튜브로 몰리고 있기 때문입니다.
비즈니스를 하는 분들에게는 유튜브는 잠재 고객을 발굴하고 매출을 증대시키는 데 꼭 필요한 마케팅 도구가 된 것입니다.

무슨 일이든지 자신이 원하는 바를 얻고자 한다면 시간과 노력을 투자해야 한다는 것은 자명한 사실입니다.

하지만 유튜브는 비교적 적은 시간과 노력으로 많은 것을 창출해 낼 수 있기에 추천해 드리는 겁니다.

개인이든, 비즈니스를 하시는 분들은 유튜브 마케팅에 대해서 제대로 배우고 익혀서 일의 효율성과 효과성을 극대화하면 좋을 것입니다

이 책은 수년간 유튜브 크리에이터 강의를 진행해 오고 있는 강사들이 모여 만든 책입니다.

책의 구성을 보면 유튜브 크리에이터 교육을 진행하면서 유튜버가 되고자 하는 분들이 누구나 쉽게 유튜버가 될 수 있도록 구성하였습니다.

이 책은 초보 유튜버들이 꼭 알아야 할 기본부터 고급 활용까지의 내용을 담고 있습니다.

책 목차대로 따라 하신다면 스마트폰만을 활용해서도 누구나 쉽고 빠르게 유튜버 활동을 하실 수 있습니다.

더 쉽고 빠르게 유튜버로서 활동하고 싶다면 이 책 한 권이 충분히 등대 역할을 해드릴 것입니다.

★ 스마트폰 활용지도사 자격증에 대해서 아시나요?
(과학기술정보통신부가 검증하고 한국직업능력개발원이 관리하는 스마트폰 자격증 취득에 관심 있으신 분들은 살펴보세요.)

★ 상담 문의
이종구 010-9967-6654
E-mail : snsforyou@gmail.com
카톡 ID : snsforyou

★ 스마트폰 활용지도사 1급
- 해당 등급의 직무내용

초/중/고/대학생 및 성인 남녀노소 누구에게나 스마트폰 활용교육 및 SNS 기본 교육을 실시할 수 있습니다.
개인 및 소기업이 브랜딩 전략을 구축하는 데 있어 저렴한 비용을 들여 브랜딩 및 모바일 마케팅 전략을 구축할 수 있도록 필요한 교육을 할 수 있습니다.

★ 스마트폰 활용지도사 2급
- 해당 등급의 직무내용

시니어 실버분들에게 스마트는 활용교육을 실시할 수 있습니다. 개인 및 소기업이 모바일 마케팅 전략을 구축하는데 있어 기본적인 교육을 할 수 있습니다. 1인 기업 및 소기업이 스마트워크 시스템을 구축하는 데 제반 사항을 교육할 수 있습니다.

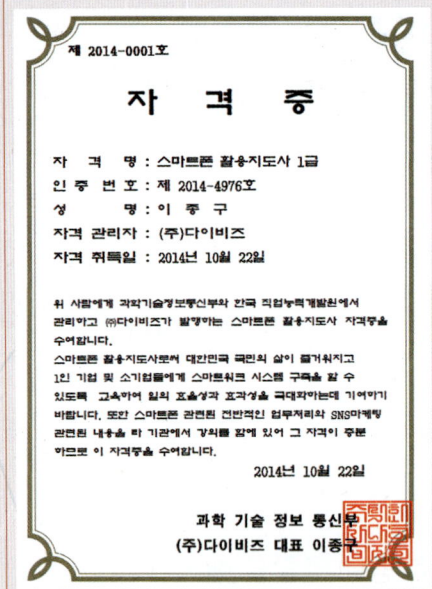

★ **시험 일시** : 매월 둘째 주, 넷째 주 일요일 5시부터 6시까지 1시간
★ **시험 과목** : 2급 - 스마트폰 활용 분야 / 1급 - 스마트폰 SNS마케팅
★ **합격점수** : 1급 - 80점 이상(총 50문제 각 2점씩 100점 만점에 80점 이상 주관식 10문제 포함)
　　　　　　 2급 - 80점 이상(총 50문제 각 2점씩 100점 만점에 80점 이상)

★ 시험대비 공부방법
1. 스마트폰 활용지도사 2급 교재 구입 후 공부하기
2. 정규수업 참여해서 공부하기
3. 유튜브에서 [스마트폰 활용지도사] 채널 검색 후 관련 영상 시청하기

★ 시험대비 교육일정
1. 매월 정규 교육을 SNS소통연구소 전국 지부에서 실시하고 있습니다.
2. 스마트폰 활용지도사 SNS소통연구소 블로그 (blog.naver.com/urisesang71) 참고하기
3. 소통대학교 사이트 참조 (www.snswork.com)
4. NAVER 검색창에 (SNS소통연구소)라고 검색하세요!

★ **시험 응시료** : 3만원
★ **자격증 발급비** : 7만원

1. 일반 플라스틱 자격증.
2. 종이 자격증 및 우단 케이스 제공.
3. 스마트폰 활용지도사 강의자료 제공비 포함.

★ 스마트폰 활용지도사 자격증 취득 시 혜택
1. SNS 상생평생교육원 스마트폰 활용 교육 강사 위촉
2. SNS소통연구소 스마트폰 활용 교육 강사 위촉
3. 스마트 소통 봉사단에서 교육받을 수 있는 자격부여
4. SNS 및 스마트폰 관련 자료 공유
5. 매월 1회 세미나 참여 (정보공유가 목적)
6. 향후 일정 수준이 도달하면 기업제 및 단체 출강 가능
7. 그 외 다양한 혜택 수여

유튜브 크리에이터 전문 지도사 시험

매월 1째, 3째 일요일
오후 5시부터 6시까지

유튜브 크리에이터 전문 지도사가
즐거운 대한민국을 만들어갑니다!

- 자격명 : 유튜브 크리에이터 전문 지도사 2급 및 1급
- 자격의 종류 : 등록(비공인) 민간자격
- 등록번호 : 제 2020-003915호
- 자격 발급 기관 : 에스엔에스소통연구소
- 총 비용 : 100,000원
- 환불규정
  ① 접수마감 전까지 100% 환불 가능(시험일자 기준 7일전)
  ② 검정 당일 취소 시 30% 공제 후 환불 가능
- 시험문의
  SNS 소통연구소 이종구 소장 : 010-9967-6654

01 SNS소통연구소 자격증 교육 교재 리스트

디지털 교육 강사들의 필수 지침서
(스마트폰 활용지도사 2급 교재)

SNS마케팅 교육 전문가 양성 과정 책
(스마트폰 활용지도사 1급 교재)

UCC제작과 유튜브크리에이터
양성을 위한 책
(유튜브크리에이터전문지도사 교재)

스마트한 강사를 위한 길라잡이
**(프리젠테이션전문지도사,
컴퓨터활용전문지도사 교재)**

02 어르신들을 위한 스마트폰 교육 교재 리스트
(전국 각 기관에서 가장 많이 교재로 선정된 책)

어르신들을 위한 스마트폰 기초 교실
(스마트폰 기초부터 기본 UCC 활용 책)

어르신들을 위한 스마트폰 중급 교실
(스마트폰 이미지 합성, 카드뉴스, 보정 앱 활용 책)

어르신들을 위한 스마트폰 고급 교실
(스마트폰 번역, 쇼핑몰 구매,
교통, 스마트워크 활용 책)

어르신들을 위한 스마트폰 활용 백서
(스마트폰 기본 활용부터 카메라, UCC,
키오스크 등 스마트폰 기본 교재로 가장 많이 찾는 책)

03 SNS소통연구소 주요 사업 콘텐츠

SNS소통연구소 지부 및 지국 활성화

2010년 3월부터 교육을 시작한 SNS소통연구소는
현재 전국에 79개의 지부 및 지국을 운영 중

스마트폰 활용지도사
(국내 최초! 국내 최고!)

2014년 10월 스마트폰 활용지도사 민간 자격증 취득
2급과 1급 과정을 운영 중이며 현재 3,800여 명 이상 지도사 양성

실전에 필요한 전문 교육
(다양한 분야 실전 교육 중심)

일반 강사들에게도 꼭 필요한 전문 교육을 실시함
(SNS마케팅, 스마트워크, 프리젠테이션, 컴퓨터 활용 등)

SNS소통연구소 출판사

2011년 11월부터 SNS소통연구소 출판사 운영
스마트폰 활용 및 SNS마케팅 관련된 책 45권 출판
강사들에게 필요한 다양한 분야의 책을 출간 진행 중

◆ 뉴미디어 마케팅 교육 문의
(스마트폰 활용, SNS마케팅, 유튜브크리에이터, 프리젠테이션, 컴퓨터 활용 등)

▶ SNS소통연구소 직통전화 : 010-9967-6654
▶ 소통대학교 직통전화 : 02-747-3265

지역사회 발전을 위해 사회복지사처럼 스마트폰 활용지도사가 필요합니다!

▶ 사회복지사란? 청소년, 노인, 가족, 여성, 장애인 등 사회적 약자에 대한 복지 정책 및 공공 복지 서비스가 증대함에 따라 사회적인 문제로 어려움을 겪는 이들을 돕는 직업

▶ 스마트폰 활용지도사란? 개인이 즐거운 인생을 살아가는 데 도움을 드리고 소상공인들에게 풍요로운 비즈니스를 할 수 있도록 도움을 드리는 직업

스마트폰 활용지도사가 디지털 문맹 퇴치 운동에 앞장서고 즐거운 대한민국을 만들어가는데 초석이 되었으면 합니다.

SNS소통연구소 전국 지부 봉사단 현황

서울/경기북부	울산지부	부산지부
스마트 소통 봉사단	스폰지	모바일
2018년 6월부터 매주 수요일 오후 2시부터 5시까지 스마트폰 활용지도사들이 소통대학교에 모여서 강사 트레이닝을 목적으로 운영되고 있음 (기관 및 단체 재능기부 교육도 진행)	매월 정기모임을 통해서 스마트폰 활용지도사의 역량개발과 지역주민들을 위해 스마트폰 활용 교육 봉사활동 진행	모든 것이 바라는 대로 이루어집니다! 매월 정기모임을 통해서 스마트폰 활용지도사의 역량개발과 지역주민들을 위해 스마트폰 활용 교육 봉사활동 진행
제주지부	**경기남부**	**경북지부**
제스봉	경기남부지부 스마트 봉사단	스소사
제주도 스마트폰 봉사단 매월 정기모임을 통해서 스마트폰 활용지도사의 역량개발과 지역주민들을 위해 스마트폰 활용 교육 봉사활동 진행	매월 정기모임을 통해서 스마트폰 활용지도사의 역량개발과 지역주민들을 위해 스마트폰 활용 교육 봉사활동 진행	'스마트하게 소통하는 사람들' 경북지부 스마트폰 봉사단 매월 정기모임을 통해서 스마트폰 활용지도사의 역량개발과 지역주민들을 위해 스마트폰 활용 교육 봉사활동 진행
전라남도	**경기북부**	**경기동부**
SNS소통연구소 전남스마트봉사단	펀펀 스마트 봉사단	스마트 119 봉사단
매월 정기모임을 통해서 스마트폰 활용지도사의 역량개발과 지역주민들을 위해 스마트폰 활용 교육 봉사활동 진행	'배우면 즐거워져요~' 경기 북부 스마트폰 봉사단 매월 정기모임을 통해서 스마트폰 활용지도사의 역량개발과 지역주민들을 위해 스마트폰 활용 교육 봉사활동 진행	'스마트한 사람들이 모여 지역주민들의 스마트한 인생을 도와드리는 봉사단' 매월 정기모임을 통해서 스마트폰 활용지도사의 역량개발과 지역주민들을 위해 스마트폰 활용 교육 봉사활동 진행
경기서부	**대구지부**	
스마트 위드유	스마트 소통 약방	
매월 정기모임을 통해서 스마트폰 활용지도사의 역량개발과 지역주민들을 위해 스마트폰 활용 교육 봉사활동 진행	매월 정기모임을 통해서 스마트폰 활용지도사의 역량개발과 지역주민들을 위해 스마트폰 활용 교육 봉사활동 진행	

05 SNS소통연구소 출판 리스트 45권 (2023년 7월 기준)

  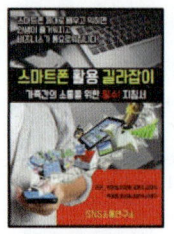   
    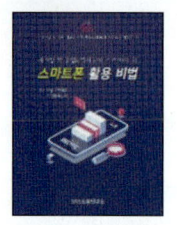 

06. SNS소통연구소 전국 지부 및 지국 현황

서울 (지부장-소통대)
- 강남구 (지국장-최영하)
- 강서구 (지국장-문정임)
- 관악구 (지국장-손희주)
- 광진구 (지국장-서순례)
- 강북구 (지국장-명다경)
- 강동구 (지국장-윤진숙)
- 노원구 (지국장-전윤이)
- 동작구 (지국장-최상국)
- 동대문구 (지국장-김종현)
- 도봉구 (지국장-오영희)
- 마포구 (지국장-김용금)
- 송파구 (지국장-문윤영)
- 서초구 (지국장-선수옥)
- 성동구 (지국장-이명애)
- 성북구 (지국장-조선아)
- 양천구 (지국장-송지열)
- 용산구 (지국장-최영옥)
- 영등포구 (지국장-김은정)
- 은평구 (지국장-노승유)
- 중구 (지국장-유화순)
- 중랑구 (지국장-정호현)
- 종로구 (지국장-김숙명)
- 구로구 (지국장-박정옥)
- 서대문구 (지국장-김수영)

경기북부 (지부장-이월례)
- 의정부 (지국장-한경희)
- 양주 (지국장-유은서)
- 동두천/포천 (지국장-김상기)
- 구리 (지국장-김용희)
- 남양주시 (지국장-정덕모)
- 고양시 (지국장-백종우)

경기동부 (지부장-이종구)
- 성남시 (지국장-노지영)

경기서부 (지부장-이종구)
- 안양/과천 (지국장-곽문희)
- 시흥시 (지국장-윤정인)
- 부천시 (지국장-김남심)

경기남부 (지부장-이중현)
- 수원 (지국장-권미용)
- 이천/여주 (지국장-김찬곤)
- 평택시 (지국장-임계선)
- 안성시 (지국장-허진건)
- 화성시 (지국장-한금화)

인천광역시
- 서구 (지국장-어현경)
- 남동구 (지국장-장선경)
- 부평구 (지국장-최신만)
- 중구 (지국장-조미영)
- 계양구 (지국장-전혜정)
- 연수구 (지국장-조예윤)

강원도 (지부장-장해영)
- 강릉시 (지국장-임선강)
- 원주시 (지국장-김이섭)
- 춘천시 (지국장-박준웅)

충청남도 (지부장-김미선)
- 청양/아산 (지국장-김경태)
- 금산/논산 (지국장-부성아)
- 천안시 (지국장-김숙)

광주광역시
- 북구 (지국장-김인숙)

대구광역시 (지부장-임진영)
- 수성구 (지국장-김기연)

대전광역시 (지부장-유정화)
- 중구/유성구 (지국장-조대연)

전라남도 (지부장-강영옥)

부산광역시 (지부장-손미연)
- 사상구 (지국장-박소순)
- 해운대구 (지국장-배재기)
- 기장군 (지국장-배재기)
- 연제구 (지국장-조환철)
- 진구 (지국장-김채완)

전라북도 (지부장-송병연)

경상남도
- 양산시 (지국장-한수희)

경상북도 (지부장-남호정)
- 고령군 (지국장-김세희)
- 경주 (지국장-박은숙)
- 경산 (지국장-정다건)

울산광역시 (지부장-김상덕)
- 동구 (지국장-김상수)
- 남구 (지국장-박인완)
- 울주군 (지국장-서선숙)
- 중구 (지국장-장동희)
- 북구 (지국장-이성일)

제주도 (지부장-여원식)

목차

01강 유튜버라면 꼭 알아야 할 유튜브 용어 총정리 — 17p

02강 4차 산업혁명 시대 누구나 유튜브를 해야만 하는 이유? — 37p

03강 유튜브로 돈을 벌 수 있는 방법 총정리 — 41p

04강 유튜브 채널 개설 계획표 작성하기 — 46p

05강 스마트폰 하나면 나도 1인 유튜버다! - 스마트폰 유튜브 앱 활용 — 50p

- 유튜브 채널
- 내 채널, 시크릿 모드 사용
- 시청 시간
- 설정 메뉴
  - 일반
  - 데이터 절약
  - 동영상 화질 환경설정, TV로 시청하기
  - 시청 기록 지우기, 시청 기록 일시중지

06강 스마트폰 하나면 나도 1인 유튜버다! - 스마트폰 유튜브 하단 메뉴 살펴보기 — 57p

- 설정(영상 재생 중)
  - 화질
  - 자막
  - 동영상 연속 재생, 신고
  - 고객센터, 재생 속도
- 전체화면 확대
- 정밀 탐색 기능

07강 스마트폰 하나면 나도 1인 유튜버다! - 유튜브 영상 재생화면에서 메뉴 활용하기 62p

- ▣ 홈
- ▣ Shorts
- ▣ 만들기
  - Shorts 동영상 만들기(세로형 짧은 영상 - 최대 1분)
  - 동영상 만들기
  - 라이브 스트리밍 시작
- ▣ 구독
- ▣ 보관함
  - 기록
  - 재생목록
  - 내 동영상
  - 내 영화

08강 스마트폰 하나면 나도 1인 유튜버다! - 동영상 업로드 72p

- ▣ 동영상 업로드
  - 일반 영상 업로드 할 때
- ▣ 업로드 후 수정
  - 일반 동영상 수정
  - 썸네일 변경 인증받기
  - 일반 동영상 Shorts 동영상으로 수정
  - Shorts 동영상 설명 PC에서 삽입하기

09강 스마트폰 하나면 나도 1인 유튜버다! - 스마트폰 유튜브 스튜디오 80p

- ▣ 스마트폰 유튜브 스튜디오
  - 내 채널 분석하기

목차

10강 동영상 촬영장비와 프로그램 알아보기　　　　82p

- 스마트폰 및 DSLR 카메라, 미러리스 카메라
  - 스마트폰
  - DSLR 카메라
  - 미러리스 카메라
- 액션캠 및 웹캠, 삼각대
  - 액션캠
  - 웹캠
  - 삼각대
- 스마트폰 짐벌, 스탠드 마이크 및 핀 마이크
  - 스마트폰 짐벌
  - 스탠드 마이크
  - 핀 마이크
- 조명
  - 사각 LED 조명
  - 링 LED 조명

11강 스마트폰 촬영 노하우　　　　86p

- 카메라 설정 완전정복하기
  - 사진의 상세정보 찾아보기
  - 카메라의 빠른 실행
- 전문가 모드 촬영하기 - 프로 모드
- 스마트폰 카메라로 사진 잘 찍는 법
- 스마트폰 파지(그립)법
  - 가로 파지법
  - 세로 파지법
- 샷 및 앵글에 따른 사진 촬영 법
  - 카메라의 앵글
  - 상황별 사진 촬영 노하우(풍경, 인물)
  - 풍경 사진 잘 찍기
  - 인물 사진(셀카 사진 잘 찍는 법)

12강 갤러리 및 클라우드 서비스 활용하기　　　　　　　　　　98p

- 갤러리 폴더 만들고 정리하기
- 샌드애니웨어 활용하기
    - 스마트폰에서 파일 전송하기
    - 스마트폰에 있는 자료를 PC에 저장하기

13강 이동 중에 촬영 노하우　　　　　　　　　　104p

- 안정된 자세
- 스마트폰용 짐벌 활용
- 마이크 활용
- 스마트폰용 광각렌즈 활용
- 보조배터리 & 외장하드 활용

14강 조명 활용 노하우　　　　　　　　　　106p

- 조명의 개수
- 삼점 조명
- 조명의 배치
- 조명의 색온도
- 링 조명 활용

15강 무료 음악 다운받기　　　　　　　　　　108p

- 브레이브 브라우저
- y2mate.com
- PC에서 음악 및 동영상 쉽고 빠르게 다운받기

16강 무료 콘텐츠 활용하기　　　　　　　　　　115p

- 픽사베이(pixabay) - 무료 이미지
- 플랫아이콘(flaticon) - 무료 아이콘
- 눈누(noonnu.cc) - 무료 폰트
- 유튜브 스튜디오 오디오 보관함 - 무료 음악

목차

17강 스마트폰에서 인트로 및 클로징 영상 만들기 — 119p

- 수백만원짜리 영상 캔바 어플에서 쉽고 빠르게 만들기

18강 스마트폰 동영상 편집 앱 활용하기 – 키네마스터 — 127p

- 키네마스터 KINEMASTER(7.1.4버전)
- 키네마스터 설치하기(안드로이드 버전 13 기준)
- 키네마스터 시작하기
- 키네마스터 인터페이스 1
- 키네마스터 인터페이스 2
- 편집할 영상 소스 가져오기
- 동영상 컷 편집(트림 / 분할)
- 동영상의 트림 / 분할 메뉴
- 텍스트 – 자막 추가하기
- 장면전환 효과 적용하기
- 장면전환 효과 추가하기(에셋 스토어에서 다운로드 받기)
- 클립 그래픽 효과와 에셋 스토어에서 다운로드 받기
- 사진 편집 팬 & 줌 효과
- PIP 화면 만들기(영상 위에 영상이나 이미지 삽입하기)
- 매직 리무버 활용하기
- 프로젝트 내보내기(동영상으로 저장하기)

19강 스마트폰에서 실시간 생방송하기 — 169p

- 프리즘 라이브 스튜디오 활용하기

20강 유용한 사이트 소개 — 174p

01강 유튜버라면 꼭 알아야 할 유튜브 용어 총정리

▶ 유튜브(YouTube)

- 유튜브는 당신 ['유' You]과 브라운관 ['튜브' Tube]의 합성어로, 전 세계 네티즌들이 올리는 동영상 콘텐츠를 공유하는 [세계 최대 규모의 동영상 사이트(http://www.youtube.com)]입니다. 즉 'YouTube'라는 명칭의 어감은 [당신을 위한 텔레비전] '당신이 곧 텔레비전' 정도입니다. 한국에서는 '너튜브'로도 통용됩니다.
- 네모난 YouTube 아이콘의 끝부분은 둥글게 깎여 있고 각 변은 끝부분보다 볼록하게 나와 있는데 옛 텔레비전에 쓰였던 브라운관의 시각상 특징을 아이콘으로 디자인한 것입니다.
- 2005년 2월 페이팔(PayPal)의 직원이었던 채드 헐리(Chad Hurley), 스티브 첸(Steve Chen), 자웨드 카림(Jawed Karim)이 공동으로 창립, 같은 해 11월부터 정식 서비스가 시작되었고, 이후 2006년 10월 구글이 유튜브를 16억 5,000만 달러에 전격 인수, 2007년부터 국가별 현지화 서비스가 시작되었고, 한국어 서비스의 경우 2008년 1월 시작되었습니다. 월 일정한 금액을 결제하면 광고 없이 동영상을 감상할 수 있고, 동영상 저장이 가능, 화면 잠금상태나 다른 앱 사용 중에도 동영상을 재생할 수 있는 [유튜브 프리미엄]을 운영하고 있습니다.
- 2006년 《타임》지에 2006년 최고 발명품으로 꼽히는 등 웹 2.0의 선두주자로 급부상했습니다.
- 유튜브에 있는 대부분의 동영상은 회원가입을 하지 않아도 볼 수 있지만, 동영상을 게시하기 위해서는 [회원 가입]이 필요합니다.

▶ 유튜브 쇼츠 (YouTube Shorts)

- 유튜브 쇼츠는 틱톡과 인스타그램 릴스 등 SNS플랫폼과 경쟁하는 유튜브가 수익공유를 통한 창작자 확보를 위해서 만든, [60초 이하의 세로 형식의 짧은 동영상 콘텐츠]를 말합니다.
- 스마트폰으로 촬영하고, 공유할 수 있는 [모바일 환경]에서 인기를 얻고 있습니다.
- 영상도의 해상도는 가로세로 비율이거나 [세로 비율(1080 * 1920)]이어야 합니다.
- 한 번 제작한 숏폼 콘텐츠는 인스타그램의 릴스, 틱톡 등에도 확장해 활용할 수 있어서 [원 콘텐츠 멀티 유즈(One Content Multi Use)]가 가능합니다.
- 제목 또는 설명에 [#Short]를 포함하면 유튜브 내에서 내 쇼츠 영상이 추천되는 데 도움이 됩니다.
- 손쉽게 짧은 동영상을 만들고 업로드 할 수 있으며, 동시에 다양한 크리에이터들의 콘텐츠를 빠르게 탐색하고 즐길 수 있습니다. 이를 통해 새로운 크리에이터가 발굴되기도 하며, 기존 크리에이터들로 새로운 콘텐츠 형식을 시도할 수 있는 기회를 제공합니다.
- 사용자는 쇼츠에서 음악, 필터, 스티커 등을 사용하여 동영상을 꾸밀 수 있으며, 동영상을 유튜브에 업로드하거나 다른 소셜 미디어 플랫폼에 공유할 수 있습니다.
- 시청자 뷰의 88.2%, 약 90%에 달하는 시청이 쇼츠에서 발생하는 것으로 측정됩니다. 일반 동영상에 비해 노출을 많이 시켜주고, 쇼츠의 조회 수가 높으면, 자연히 원래 채널의 영상 조회 수도 올라갑니다.

유튜버(YouTuber)

- 유튜버는 유튜브(Youtube)에 자신이 제작한 동영상을 정기적 또는 비정기적으로 동영상을 올리는 사람을 칭합니다. 넓게는 인터넷 방송 진행자를 일컫는 말로도 사용됩니다.
- 구글 계정만 있으면 누구나 모두 유튜버가 될 수 있으며, 광고를 통해 수익을 얻을 수도 있습니다.

유튜브 크리에이터(YouTube Creator)

- [유튜브 크리에이터와 유튜버는 동의어]입니다. 구글에서는 유튜버를 유튜브 크리에이터라고 칭합니다.
- 동영상을 생산하고 업로드하는 창작자를 [크리에이터(Creator)]라고 합니다. 직역하면 [창조주]라는 뜻으로도 읽힐 수 있는 [창작자]라는 뜻입니다.
- 유튜브 크리에이터(YouTube Creator) 또는 유튜버(YouTuber)는 인플루언서로 인터넷 동영상 공유 사이트인 유튜브에 UCC를 업로드하며 자신의 채널을 운영하는 사용자들을 지칭하는 말입니다. 특히, 유튜버 활동을 통하여 수익을 창출하는 전문적인 직업 유튜버들을 지칭하여 유튜브 크리에이터라고 합니다.
- 1인 방송 제작자에게 '크리에이터'라는 명칭을 쓰는 것은 단순히 동영상의 창작자일 뿐 아니라 자신이 만든 동영상을 매개로 자신들의 팬 커뮤니티를 만들어 가는 커뮤니티의 창조자 역할도 동시에 하기 때문입니다.

숏폼 크리에이터

- 유튜브 숏폼 크리에이터는 짧은 시간 동안 재미있거나 인상적인 콘텐츠를 제작하여 유튜브 플랫폼에서 인기를 얻는 크리에이터를 말합니다. ["숏폼"은 주로 60초 미만의 짧은 동영상]을 의미하며, 주로 소셜 미디어 플랫 폼에서 활동하며, 텍스트, 이미지, 비디오, 그래픽 등 다양한 형식으로 콘텐츠를 제작할 수 있습니다.

1인 미디어

- 1인 미디어는 [개인이 다양한 콘텐츠를 직접 생산하고 공유하는 커뮤니케이션 플랫폼]으로 새로운 형태의 커뮤니케이션 채널을 의미합니다.
- 1인 미디어는 인터넷을 통해 누구나 스타가 될 수 있고 누구나 기자와 PD가 될 수 있으며, 방송국을 운영할 수 있다는 가능성을 제공합니다. 1인 미디어는 인간의 소통 욕구와 표현 욕구를 나름의 방식으로 충족시키고 반영하는 현대의 문화적 표현 양식입니다. 대중들이 좋아하고 관심 있는 콘텐츠만 있다면, 수백만 명의 구독자를 대상으로 방송을 하고 소통도 할 수 있습니다.

버츄얼 유튜버(Virtual YouTuber)

- 컴퓨터 그래픽(CG)과 모션캡처 등의 기술을 활용해 만든 [가상의 캐릭터]를 통해 유튜브 등의 인터넷 방송을 진행하는 1인 미디어 크리에이티브를 일컫는 말로, 줄여서 [브이튜버(VTuber)]라고도 부릅니다. 실제 사람이 모션캡처 장비를 통해 움직임을 따고 목소리를 더빙해 인간과 유사한 캐릭터를 만들고, 이 캐릭터가 일반적인 유튜버들처럼 시청자와 실시간으로 소통합니다.

개인 계정

- 구글 개인 계정은 구글 시스템의 로그인 역할을 하며, 하나의 [이메일 주소와 비밀번호로 구성]되어 있고, SNS System의 주민등록번호라고 할 수 있습니다.
- 유튜브의 경우 구글 계정만 있으면 별도의 회원 가입이나 계정 생성 절차 없이, 구글 계정과 연동하여 이

용할 수 있고, 하나의 구글 아이디를 이용해서 [1개의 개인 계정(채널)]을 만들 수 있습니다.
- 개인 계정으로 채널명 설정 시 성과 이름을 구분 지어 입력해야 하고, 채널 운영 시 [본인만 영상 업로드나, 설정 수정이 가능]합니다. 구글 계정과 연동이 되어 있어 구글 계정(이메일 이름)과 유튜브 계정 이름이 같기 때문에 댓글을 달면, 본인 공식 유튜브 명의로 달게 되어 항상 조심해야 합니다.

▶ 브랜드 계정 채널(Brand channel)

- 구글에 가입하여 해당 아이디로 본 채널을 개설한 이후 추가적으로 개설한 서브 채널을 말합니다.
- 채널이 브랜드 계정에 연결되면 여러 사용자가 자신의 Google 계정으로 채널을 관리할 수 있습니다.
- 본 채널과 차이점은 채널명을 자유롭게 설정할 수 있고, 채널명을 언제든지 바꿀 수 있으며, [채널의 공동 관리자]를 추가할 수 있어 [개인 정보 노출의 위험이 없고, 채널 관리를 효율적]으로 할 수 있습니다.
- 브랜드 계정으로 YouTube 채널을 관리할 때는 별도의 사용자 이름이나 비밀번호가 필요하지 않습니다.
- 하나의 구글 아이디를 이용해서 [200개의 브랜드 계정(채널)]을 운영할 수 있습니다.

> 일반계정 VS 브랜드 계정
> - 수익 창출: 일반계정과 브랜드 계정 모두 가능합니다.
> - 채널 이름 변경: 일반계정은 기간 제한이 있으나 브랜드 계정은 없습니다.
> - 채널 관리자: 일반계정은 하나의 아이디로, 브랜드 계정은 관리자를 지정하여 여러 명이 운영할 수 있습니다.

▶ 라이브 스트리밍(Live Streaming)

- 유튜브 라이브 스트리밍은 [실시간으로 동영상을 전송하고 시청할 수 있는 서비스]입니다.
- 유튜브 라이브 스트리밍의 가장 큰 장점은 실시간으로 댓글이나 채팅 등의 상호작용이 가능하다는 점입니다. 이를 통해 시청자와 소통하고 콘텐츠 제작에 대한 피드백을 받을 수 있으며, 시청자들의 취향을 더욱 잘 이해할 수 있습니다.
- 유튜브에서는 라이브 스트리밍을 이용하여 다양한 목적으로 콘텐츠를 제작하고 있습니다. 예를 들어, 유명 유튜버들은 라이브 Q&A나 팬미팅을 진행하거나, 게임 스트리밍을 하며 소통하고, 콘텐츠를 만들고 있습니다.
- 라이브 스트리밍은 일반 영상보다 상위에 노출될 가능성이 높기 때문에 자신의 채널을 활성화하거나 홍보를 하기 위해 많이 사용합니다.

▶ 유튜브스튜디오(YouTube Studio)

- 유튜브 스튜디오(YouTube Studio)는 유튜브 콘텐츠 제작자들을 위한 온라인 대시보드입니다. 본인이 운영하는 채널의 다양한 통계, 관리 기능을 한 곳에서 효과적으로 다룰 수 있습니다.
- [동영상 업로드와 편집]을 간편하게 할 수 있습니다. 어플 내에서 새로운 동영상을 업로드 하고, 제목, 설명, 태그 등을 편집하여 원하는 대로 동영상을 커스터마이징할 수 있습니다. 또한, 동영상의 썸네일 이미지를 선택하고, 동영상을 특정 재생목록에 추가하는 등의 작업도 가능합니다.
- 동영상의 성과와 관련된 [분석 정보]를 확인할 수 있습니다. 조회 수, 시청 시간, 구독자 변동 등 다양한 통계 자료를 실시간으로 확인하여 크리에이터들은 동영상의 성과를 파악하고 향상시킬 수 있습니다. 또한 댓글 관리와 사용자 피드백을 받을 수 있는 기능도 제공되어 크리에이터들과 시청자들 간의 소통을 원활하게 할 수 있습니다.
- [채널 설정과 관련된 다양한 기능]을 제공합니다. 채널 아이콘과 배너 이미지를 업데이트하거나, 채널 설명을 수정하는 등의 작업을 쉽게 할 수 있습니다. 또한, 광고 수익화 설정, 동영상 공개 설정, 재생목록 관리 등 채널 운영에 필요한 다양한 설정을 간편하게 조정할 수 있습니다.

▶ 시청 시간

- 시청 시간은 시청자가 내 콘텐츠를 시청한 시간을 의미합니다. 동영상을 업로드하면 유튜브 분석에서 여러 시청 보고서를 통해 다른 동영상의 실적을 확인할 수 있습니다. 유튜브에서는 시청 패턴에 따라 콘텐츠가 더 많은 시청자에게 노출되기 때문에 시청 시간이 중요합니다.

▶ 구독(Subscribe)

- 나와 같은 취향의 크리에이터를 '구독'하고, 구독한 채널의 새로운 영상 업로드 시 알림을 받는 것을 의미합니다. 구독을 하면 해당 채널의 업로드가 사용자의 '구독함'에 표시되어, 새로운 영상을 놓치지 않고 시청할 수 있습니다.

▶ 구독자(Subscriber)

- 특정 유튜버의 채널에 구독한 사람들을 의미합니다. 구독자는 해당 채널의 새로운 동영상 업로드 알림을 받을 수 있고, 유튜브를 알고리즘에 의해 유튜브를 켜면 비슷한 성향의 추천 영상이 뜨게 됩니다.

▶ 구독자 수(Subscriber Count)

- 유튜버의 채널에 구독한 사용자들의 총수를 나타내는 숫자입니다. 구독자 수는 유튜버의 인기와 영향력을 나타내는 중요한 지표 중 하나입니다.

▶ 구독 알림(Subscription Notification)

- 유튜버의 채널을 구독한 사용자가 '알림을 받기' 위해 누르는 작은 벨 아이콘입니다. 이를 통해 구독자는 새 동영상이 업로드될 때 바로 알림을 받을 수 있습니다.

▶ 구독자 유치(Subscriber Gain)

- 특정 기간 동안 새로운 구독자가 얼마나 늘었는지를 나타내는 지표입니다.

▶ 구독자 상실(Subscriber Loss)

- 특정 기간 동안 구독자가 채널을 구독 해지한 경우의 수를 나타냅니다.

▶ 커뮤니티(community)

- 커뮤니티는 유튜브에서 사용하는 포스트를 의미하며 시청자와 좀 더 심도 있는 관계를 맺는다는 의미가 있습니다. 동영상의 댓글 섹션에서 시청자와 상호 작용하거나 충성도 높은 팬을 위한 실시간 스트리밍을 호스팅하거나 커뮤니티에서 요청하는 동영상을 제작하거나 커뮤니티 탭을 통해 추가 콘텐츠를 공유하는 등의 방법으로 시청자와의 관계를 강화할 수 있습니다.

▶ 좋아요(Like)와 싫어요(Dislike)

- 유튜브 동영상에 대해 시청자들이 남기는 평가 요소입니다. 좋아요는 내가 이 영상을 보고 좋다는 의미로 구독자가 유튜버에게 보내는 별점과 같습니다. 싫어요는 반대의 의견을 표시합니다.

▶ 댓글(Comment)
- 유튜브 동영상 아래에 시청자들이 남기는 의견과 피드백을 의미합니다. 댓글을 통해 시청자와 유튜버 간의 소통과 커뮤니케이션이 이루어집니다.

▶ 소통(Communication)
- 소통은 유튜브 영상을 보고 댓글을 달아 주는 것으로 '불소'라고 해서 '불타는 소통'이라고도 부릅니다.

▶ 비디오 업로드(Upload)
- 유튜버가 채널에 새로운 동영상을 올리는 것을 말합니다.

▶ 검색(Search)
- 유튜브에서 동영상을 검색하는 기능입니다.

▶ 뷰(View)
- 유튜브에서 동영상이 시청된 횟수입니다.

▶ 조회 수(View Count)
- 유튜브 동영상이 시청된 총횟수를 의미합니다. 조회 수도 인기와 관심도를 측정하는 중요한 지표입니다.

▶ 공유 수(Share Count)
- 특정 동영상이 공유된 횟수입니다.

▶ 인기 동영상(Trending)
- 특정 기간 내에 많은 관심과 조회 수를 받아 인기가 높은 동영상을 일컫습니다.

▶ 유튜브 프리미엄(YouTube Premium)
- 유튜브 프리미엄은 YouTube의 유료 구독 서비스입니다. 이 서비스는 사용자들에게 유튜브 동영상을 광고 없이 시청하고, 오프라인으로 다운로드하고, 백그라운드에서 재생할 수 있는 기능을 제공합니다. 또한 유튜브 오리지널 콘텐츠를 볼 수 있는 접근 권한도 제공합니다. 또한 유튜브 오리지널 콘텐츠는 유튜브에서 직접 제작한 독점 콘텐츠로, 프리미엄 구독자들만이 볼 수 있습니다.
- 월 기준으로 구독료를 지불해야 하며, 가격은 지역과 국가에 따라 다를 수 있습니다.

▶ 유튜브 광고(YouTube Ads)
- 유튜브 광고는 유튜브 플랫폼에서 동영상 시청 중에 나타나는 광고를 말합니다. 이러한 광고는 유튜버(콘텐츠 제작자)들이 수익을 창출하는 주요 수단 중 하나이며, 동시에 광고주들이 광고 캠페인을 전달하는 방법으로 활용됩니다.

▶ 플레이리스트(Playlist)
- 유튜브 사용자가 비디오를 쉽게 분류하고 저장하고 공유할 수 있는 기능으로, 여러 비디오를 하나의 컬렉션으로 그룹화하여 특정 주제, 장르, 관심사 또는 선호하는 크리에이터의 작품들을 한데 모아 관리하는 데 유용합니다.

유튜브 뮤직(YouTube Music)
- 구글의 자회사인 유튜브에서 개발한 음악 스트리밍 서비스입니다. 음악 스트리밍 서비스를 위한 맞춤형 인터페이스를 제공하여 사용자가 원하는 장르, 재생목록 및 추천을 기반으로 유튜브에서 노래와 뮤직비디오를 검색할 수 있도록 돕습니다. (유튜브 프리미엄 가입)

유튜브 키즈(YouTube Kids)
- 어린이들을 위한 동영상 서비스로 선별된 콘텐츠 선택, 자녀 보호 기능, 선택한 연령 그룹에 따라 13세, 9세 또는 5세 미만의 어린이에게 부적절하다고 간주되는 비디오 필터링을 통해 어린이를 대상으로 하는 서비스 버전을 제공합니다.
- 어린이에게 맞게 최적화된 디자인을 적용한 유튜브 키즈는 큰 이미지와 눈에 띄는 아이콘을 사용해 아이들이 작은 손가락으로도 빠르고 간편하게 동영상을 시청할 수 있습니다.

동영상 설명(Video Description)
- 동영상에 대한 설명을 제공하는 텍스트로 유튜브 알고리즘 및 시청자에게 동영상의 내용을 알려 줍니다.
- 유튜브 동영상 설명은 해당 동영상의 내용과 목적을 이해시키고 시청자들에게 관심을 끌어주는 역할을 합니다.

유튜브 태그(YouTube Tags) VS 해시태그(Hashtags)
유튜브의 태그와 해시태그는 둘 다 비디오를 더 잘 발견하고 검색 결과에 노출하는 데 도움을 주는 키워드들입니다. 그러나 사용되는 플랫폼과 목적, 형식 등에서 차이가 있습니다.

■ 유튜브 태그(YouTube Tags)
- 유튜브 태그는 사용자가 검색했을 때 '어떤 키워드로 내 동영상에 유입될 것인가'에 영향을 주는 요소입니다. 검색유입을 위한 해시태그와는 전혀 다른 기능으로, 동영상의 콘텐츠에 일반적으로 맞춤법이 틀리는 단어가 있을 경우 유용합니다. 그 외 시청자가 동영상을 찾는 데 있어 태그가 하는 역할은 제한적입니다. (제목에 들어간 키워드가 맞춤법에 맞지 않을 경우 맞춤법에 맞게 달거나, 사용자가 검색을 하다가 나올법한 오타를 입력해야 합니다.)
- 태그의 개수는 정해져 있지 않고, 전체 글자의 길이가 500자로 제한되어 있습니다.
- 태그 입력 방법은 단어입력 후 쉼표(,)를 찍고 계속해서 단어 입력을 해 나갈 수 있습니다.
- 태그를 열심히 작성한다고 해서 트래픽이 늘어나기를 기대하기는 어렵습니다.

■ 해시태그(Hashtags)
- 해시태그를 사용하면 크리에이터가 YouTube에서 동일한 해시태그를 공유하는 다른 동영상에 콘텐츠를 쉽게 연결할 수 있습니다. 또한 시청자가 동일한 해시태그를 공유하는 유사한 콘텐츠를 빠르게 찾을 수 있습니다.
- 해시태그는 따로 입력하는 칸이 없고, 영상의 제목과 설명 부분에 영상과 연관된 주제나 키워드를 #으로 시작하는 단어로 입력하면 그것이 해시태그로 인식됩니다. (가장 참여도가 높은 해시태그가 최대 3개까지 동영상 제목 옆에 표시됩니다.)
- 유튜브 고객센터에 따르면 최대 60개까지로 되어 있고, 60개가 넘어가면 해시태그를 무시한다고 합니다.
- 해시태그는 개수에 신경 쓰기보다는 영상과 관련된 해시태그를 입력하는 것이 중요합니다.
- 해시태그는 평균적으로 7개의 태그를 사용하지만, 3개만 노출되기 때문에 대부분의 경우 3개의 해시태그를 사용합니다.

※ 태그와 해시태그를 적절하게 사용하는 것이 중요합니다. 무분별하게 불필요한 해시태그를 사용하는 것은 오히려 악영향을 끼칠 수 있으므로 관련성과 정확성을 유지하며 적절한 키워드를 선택하는 것이 좋습니다.

▶ 유튜브 태그(YouTube Tags)

- 유튜브에서는 최대 500자 이내의 태그를 사용할 수 있습니다. 이는 대략 15~20개의 태그로 제한되며, 각 태그는 30자 이내로 작성해야 합니다. 하지만, 태그의 개수나 길이에 대한 엄격한 규정은 없으며, 이는 유튜버가 원하는 대로 태그를 선택하고 사용할 수 있음을 의미합니다.
- 불필요한 태그를 사용하거나 스팸 태그를 사용하면 오히려 검색 엔진 최적화를 저해하고, 계정이 제한될 수도 있으므로 주의해야 합니다.

▶ 고퀄(高Qual. High-Quality)

- '고(높을 高) + 퀄(품질 quality)리티' 합성어의 줄임말로 퀄리티가 높다. 혹은, 좋다는 의미로 뜻 그대로 품질이 훌륭하다는 뜻입니다.
- 고퀄 영상은 고해상도(예: 1080p, 4K) 또는 초고해상도로 제작되어 선명하고 세밀한 이미지를 제공, 그 외 전문적인 제작, 창의성, 흥미로운 스토리텔링, 뛰어난 편집 기술 등 다양한 측면에서 시청자들에게 높은 품질의 시청 경험을 제공하는 동영상을 의미합니다.

▶ 저작권(Copyright)

- 창작물을 만든 사람이 자신이 만든 창작물, 즉 [저작물에 대해 가지는 법적 권리] 이러한 저작물에는 소설, 시, 논문, 강연, 각본, 음악, 무용, 회화, 서예, 도안, 건축물, 공예, 사진, 영상, 컴퓨터 프로그래밍 등이 있습니다.

▶ 노란 딱지

- 유튜버가 올린 영상에 노란색 $가 붙은 것을 말하는 것으로, 일명 '노딱'이라고도 하는데 '노란 딱지'가 붙어 있는 동영상은 [수익 창출 동영상에서 제외]됩니다.
- 유튜브 영상이 업로드되면 구글의 AI가 선별한 후 관리자가 최종 검토 결정합니다.
- 선정 기준은 유튜브 영상에 부적절한 언어, 폭력, 성인용 콘텐츠, 유해하거나 위험한 행위, 증오성 콘텐츠, 도발, 비하, 기분 전환용 약물 및 마약 관련 콘텐츠, 담배 관련 콘텐츠, 총기 관련 콘텐츠, 논란의 소지가 있는 민감한 사건, 가족용 콘텐츠에 포함된 성인용 콘텐츠 등입니다.

▶ 도네이크(Donake)

- 대한민국의 한 스타트업에서 개발한, 유튜브, 트위치 및 브런치, 스팀잇 등지에서 활동하는 크리에이터들을 위한 후원 플랫폼으로 서드파티 시스템입니다. 시스템 가입자에게 QR코드로 된 고유 계좌번호를 하나씩 발급하며, 크리에이터로 가입한 회원에게 도네이터로 가입한 회원이 QR코드를 찍어 간편결제를 통해 후원을 해 줄 수 있습니다.

▶ 구글 애드센스(Google Adsense)

- 구글에서 운영하는 광고 프로그램으로, 웹사이트를 소유한 사람이 애드센스에 가입하면 구글에서 광고비를 지불하고 광고를 자동으로 그 사람의 웹사이트에 올려주고, 해당 웹사이트를 찾은 방문자가 그 광고를 클릭하면 구글이 광고주로부터 돈을 받아 그 일부를 웹사이트 소유자에게 나눠주는 방식입니다.
- 유튜브 애드센스는 YouTube 파트너 프로그램에 참여하는 크리에이터에게 수익금을 지급하기 위한

Google 프로그램입니다. YouTube 관련 수익금을 지급받으려면 YouTube 스튜디오에서 애드센스 계정을 설정해야 합니다.

▶ YPP(YouTube Partnership Program) 유튜브 파트너십 프로그램

- 유튜브 파트너십 프로그램은 유튜브 사용자들이 동영상 업로드를 통해 수익을 창출하는 기회를 제공하는 프로그램입니다.
- 이 프로그램에 가입하면 유튜브 콘텐츠 제작자들은 광고 수익을 얻을 수 있고, 유튜브 프리미엄 구독자들이 시청한 비디오로부터 수익을 얻을 수 있습니다. 유튜브 파트너십 프로그램에 가입하면 광고 수익을 얻기 위해 광고가 자동으로 삽입되며, 채널의 시청자들이 광고를 시청하거나 광고에 클릭하여 수익을 창출합니다.
- YPP에 가입하기 위해서는 일정한 자격 요건을 충족해야 합니다. 이러한 요건은 국가별로 다를 수 있으며, 일반적으로 채널이 특정 구독자와 시청 시간 기준을 충족하고 광고와 저작권 정책을 준수해야 합니다.

YPP 가입 [유튜브 수익화 조건 완화 (2023. 06. 13 기준)]

	변경 전	변경 후
구독자 수	1,000명	500명(12개월간)
동영상 시청	공개 동영상 4,000시간 이상 시청 or 쇼츠 조회 1,000만 회	공개 동영상 3,000시간 이상 시청 or 쇼츠 조회 300만 회 90일 이내 3개 이상 영상 업로드

※ YPP가입자는 시청자들로부터 실시간 후원금을 받을 수 있는 슈퍼챗, 슈퍼땡스, 유튜브 쇼핑으로 상품을 홍보할 수 있는 기능 등을 이용할 수 있습니다.

▶ 슈퍼 챗(Super chat) / 슈퍼 스티커(Super Stickers)

- 구글이 2017년부터 '재능 있는 크리에이터와 팬들의 친밀한 소통'을 돕겠다며 도입한 콘텐츠 구매 플랫폼으로, 우리나라의 인터넷 방송 플랫폼인 아프리카 TV의 별 풍선과 유사한 기능을 갖고 있습니다.
- [유튜브 생방송 중 채팅창을 통해 시청자가 일정 금액을 송금해 유튜버를 직접 후원]하는 기능입니다. 슈퍼 챗을 보내면 금액과 해당 시청자의 아이디가 실시간으로 채팅창에 표시됩니다.
- 18세 이상의 유튜버만 이용할 수 있으며, 시청자 1회 최소 ₩1,000(파란색) 최대 ₩500,000(빨간색)까지 후원이 가능하고, 금액에 따라 파란색, 노란색, 주황색, 빨간색으로 표시되면서 ₩2,000 이상 후원할 때 구매 금액 및 메시지가 공개적으로 표시됩니다. 문구에 원하는 메시지를 적어 공개적으로 후원이 가능합니다.

▶ 슈퍼 땡스(Super Thanks)

- 2021년 7월 20일부터 새롭게 도입된 후원 방식으로 구독자가 크리에이터에게 감사와 격려의 뜻으로 후원금과 함께 유료 애니메이션을 결제해 보내는 기능으로 간단히 말해 [댓글 후원]이라고 보면 됩니다.
- ₩2,000, ₩5,000, ₩10,000, ₩50,000까지 후원이 가능하고, 보내기를 누르면 후원한 금액과 함께 '감사합니다'라는 고정 문구가 뜹니다.

▶ MCN(Multi Channel Network) 다중 채널 네트워크

- 1인 또는 팀(Team), 중소 콘텐츠 창작자, 즉 [크리에이터(Creator)들과 제휴 및 계약하여 마케팅 저작권 관리, 콘텐츠 유통 등을 지원 관리하는 사업]으로, 1인미디어 증가와 스마트폰 대중화에 힘입어 유튜

브, 아프리카TV, 카카오 TV 등의 동영상 사이트에서 인기 있는 콘텐츠의 유통, 판매, 저작권, 광고 유치, 외부 업무 협업 등을 관리하는 미디어 사업입니다.
- 콘텐츠로 얻어지는 수익은 창작자와 다중채널 네트워크 사업자가 배분하는 구조이며, 대표적으로 '샌드박스', '다이아 TV' 등이 있습니다.

건너뛸 수 있는 인스트림 광고(Trueview instream)
- 건너뛸 수 있는 인스트림 광고는 다른 동영상 전후 또는 중간에 재생됩니다. 특정 영상을 시청하기 전에 5초 동안 광고를 시청하고, 이후에 스킵 할지 안 할지 선택할 수 있는 광고입니다. 건너뛸 수 있는 인스트림 광고는 YouTube 보기 페이지와 Google 동영상 파트너에서 운영하는 웹사이트 및 앱에 게재됩니다.

건너뛸 수 없는 인스트림 광고(Non-Skippable)
- 같은 인스트림 광고지만, 5초 이후에도 광고 영상을 스킵 할 수 없고, 끝까지 시청해야 하는 광고입니다.
- 영상 길이는 15초 동안 재생되며, 15초 길이로 어필할 수 있는 영상광고에 최적화 되어 있습니다.

인피드 동영상 광고(과거 디스커버리)
- 인피드 광고는 디스커버리 광고로 많이 알고 있는 광고로 유튜브 검색 결과에 노출되며 관련 동영상이나 홈피드에 노출되는 광고로써 일반 유튜브 영상처럼 텍스트와 미리보기 및 썸네일 이미지가 노출됩니다. 유튜브 채널을 운영하면서 그 안에 업로드한 유튜브 영상을 홍보하고 많은 사람들에게 노출되기에 유리한 광고입니다.

범퍼 광고(Bumper AD)
- 범퍼 광고는 건너뛸 수 없는 인스트림 광고와 비슷하고, 동영상 전후, 중간에 6초 이하의 짧은 광고를 말합니다. 짧지만 강한 브랜드의 이미지나 제품을 어필할 수 있는 영상에 최적화된 광고로 잦은 노출을 통해 바이럴 마케팅을 원하는 경우 사용합니다.

아웃스트림 광고
- 모바일에서 동영상 광고의 도달 범위를 확장하여 더 많은 고객에게 도달하고자 할 때 아웃스트림 광고를 사용합니다.
- 아웃스트림 광고는 음소거 상태로 재생됩니다. 시청자가 광고를 탭 하여 동영상의 음소거를 해제할 수 있습니다. 아웃스트림 광고는 비용 효율적으로 동영상 도달 범위를 늘릴 수 있도록 설계되었습니다.

마스트헤드 광고(masthead ad) / 디스플레이 광고
- 마스트헤드 광고(디스플레이 광고)는 가장 집행 비용이 비싸지만, 단기간에 노출을 대량 노출을 할 수 있는 마케팅으로 유튜브 메인 홈 피드 상단에 30초 동안 음성 없이 자동으로 재생되는 배너형 광고입니다.
- 소리 버튼을 클릭하면 음성도 함께 재생이 됩니다. 유튜브 메인에 노출되기 때문에 도달률이 매우 빠르고, 불특정 다수에게 브랜드를 노출하는데 용이합니다.
- 새로운 제품이나 서비스에 대한 인지도를 높이거나, 할인 행사와 같이 단기간 내에 방대한 잠재고객에게 도달하고자 할 때 이 형식을 사용합니다.

▶ 디지털 노마드(Digital nomad)

- 디지털 노마드(Digital Nomad)는 위치에 구애받지 않고 인터넷을 통해 원격으로 일하며 여행하는 개인 또는 그룹을 말합니다. 이들은 흔히 자유롭게 이동하면서 다양한 장소에서 일하며 새로운 경험과 문화를 즐기는 삶을 선택합니다. '디지털 유목민'이라고도 합니다.
- 디지털 노마드들은 인터넷 연결만 있으면 어디에서든지 일을 할 수 있기 때문에 오피스나 고정된 장소에 국한되지 않습니다. 이러한 유연성과 자유로움으로 인해 많은 사람들이 디지털 노마드로 삶을 선택하고 있으며, 특히 정보 기술(IT) 및 창작 분야의 전문가들 사이에서 인기가 있습니다.

▶ N잡러

- 2개 이상 복수를 뜻하는 'N'과 직업을 뜻하는 'job', 사람에게 붙는 접미사 '~러(er)'가 합쳐진 신조어로 투잡(Two-job)을 넘어 3개 이상의 '여러 직업을 가진 사람'이란 뜻입니다.
- N잡은 단순히 생계를 위해 여러 직업을 가지는 것이 아니라, 긴 평균수명과 불안한 고용시장 속에서 자기만의 커리어를 쌓고, 자기 계발과 비전을 성취하려는 목적을 갖고 분주히 움직이는 사람들을 말합니다.
- N잡러는 경제적 이득도 중요하지만, 본업에서는 충족할 수 없는 자아실현을 중시하는 경우가 많으며, '긱(gig) 경제'를 기반으로 확산되는 추세입니다.

▶ 긱 경제(gig economy)

- 긱 경제는 기업에서 정규직을 고용하기보다 필요에 따라 임시직이나 계약직을 고용하여 시장의 수요에 대응하는 경향이 커지는 경제 상황을 일컫는 용어입니다.

▶ 떡상

- 떡상이란 '떡칠'을 의미하는 '떡'과 물건의 값이나, 주가 등이 갑자기 큰 폭으로 오르는 것을 의미하는 '급상승'을 합쳐 만든 속어로 암호화폐 가격이 급상승한 것을 표현한 것에서 유래함. 반대말은 떡락입니다.
- 유튜브에서 영상의 조회 수가 갑자기 급상승하는 것을 표현한 속어입니다.

▶ 채널 아이콘(Chanel icon)

- 채널 아이콘은 회사를 대표하는 CI와 같은 대표 로고로 채널 아트 배너 위에 표시됩니다. 이 아이콘은 유튜브 보기 페이지에서 다른 시청자에게 내 동영상과 채널을 표시합니다.
- 채널 아이콘을 만들 때는 JPG, GIF, BMP 또는 PNG 파일(애니메이션 GIF 제외)로 800X800픽셀 이미지(권장)로 정사각형 또는 원형 이미지로 만듭니다.

▶ 채널 아트(Chanel art)

- 채널 아트는 사람들이 내 [유튜브 채널에 접속했을 때 가장 상단에 배너로 표시되는 부분]으로 채널의 정체성을 브랜드화하고 페이지에 개성 있는 스타일을 부여할 수 있습니다.
- 채널 아트 이미지에 들어가야 할 내용은 '채널 이름'과 주제, 간단한 채널 소개 등을 넣습니다.
- 채널 아트는 보이는 매체에 따라 크기가 다른데 TV 화면영역: 2560*1440 Pixel, 데스크탑 MAX 영역: 2580*423 Pixel, 태블릿 영역: 1855*423 Pixel, 안전 영역: 1546*423 Pixel입니다.

▶ 썸네일(Thumnail)

- 썸네일은 엄지손가락 + 손톱의 합성어로 엄지손톱 크기 정도로 원본 사진을 작게 표현한 것입니다.
- 외래어 표현법으로 '썸네일'이 맞으며, 우리말로는 ['마중 그림' 또는 '미리보기 사진']을 말합니다.
- 작은 이미지이지만 썸네일은 영상과 콘텐츠의 첫인상을 결정짓는 중요한 역할을 합니다.
- 유튜브 썸네일 사이즈는 1280*720Pixel, 16:9, 용량은 2MB로 제한하고, 썸네일을 업로드할 수 있는 이미지의 형식은 JPG, GIF, GMP, PNG입니다.

▶ 스폰서 카드(Sponsor card)

- 유튜브 영상에 표시될 수 있게 만든 영상에 클릭을 유도하는 문안(CTA : call to action) 유도 팝업을 말합니다. 사용자들은 이를 통해 많은 정보를 얻거나 다른 링크로 이동할 수 있습니다.
- 이 카드는 동영상의 특정 시점에서 클릭하면 해당 정보가 표시되며, 시청자들 눈에 잘 보이기 때문에 행동을 유도하는 데 효과적이고, 비 광고 동영상에도 삽입이 가능하며 추가 비용이 발생하지 않습니다.

▶ BGM(Back Ground Music)

- 영상이나 이미지가 화면에 표시될 때 [배경으로 삽입되는 음악]을 가리킵니다. 어떤 장면의 분위기를 전달하기 위해서는 영상보다도 음향이 훨씬 중요합니다.
- BGM을 소리 나는 대로 읽거나, 아예 한영 전환이 귀찮아서 브금이라고 하는 경우도 있습니다. 브금을 입으로 따라 부르면 입브금이 됩니다.
- 저작권에 대해 민감한 상황이라. Youtube에서는 아예 유튜브 스튜디오에 [오디오 보관함]을 통해 저작권으로부터 자유로운 BGM을 제공해 주고 있으며, 브금대통령 등의 일부에서는 출처 표기 준수하에 자유로이 쓰도록 허용해 주기도 하고, 유튜브를 포함한 모든 SNS에서 사용할 수 있는 저작권이 해결된 배경음악을 제공하는 무료 사이트는 셀바이뮤직(https://www.sellbuymusic.com)입니다.

▶ 자막(Subtitles/Captions)

- 동영상에 보조 자막을 추가하여 다른 언어를 사용하는 시청자들도 내용을 이해할 수 있도록 돕습니다.

▶ 엔딩크레딧(End Screen)

- 유튜브 동영상의 마지막 부분에 포함되는 화면으로, 다른 비디오 시청 유도, 구독 유도, 외부 링크 등이 포함될 수 있습니다.

▶ 인트로(Intro)

- Introduce, introduction의 줄임말로, 음악의 도입부인 '전주' 또는 앨범의 머리곡이나 영화나 방송 드라마, 시나리오에서는 앞부분에서 중요 인물, 등장인물의 성격, 환경, 장소 등을 동시에 소개하는 것을 말합니다.
- 유튜브 영상의 [인트로 'intro' = 도입부]는 제목, 브랜드 아이덴티티, 그리고 간단한 애니메이션 등을 포함하며, 내 콘텐츠에 좀 더 오랜 시간 체류시키거나 영상에 관심을 가지게 만드는 것이 중요합니다.
- 연구조사에 따르면 영상을 시청할 때, 그 영상을 이어서 볼지 말지는 단 4초 이내에 결정된다고 합니다.

아웃트로(Outro)

- 유튜브 아웃트로는 [영상의 마지막 부분에 삽입되는 클립]으로, 구독 유도, 다른 동영상 추천, 소셜 미디어 링크 등을 포함하여 시청자와 상호작용하고 유튜브 채널의 브랜딩을 강화하는 데 사용됩니다.
- 아웃트로는 일반적으로 동영상의 끝부분에서 5~15초 정도가 적당합니다. 너무 길지도, 너무 짧지도 않도록 조절하는 것이 중요합니다.
- 유튜브 아웃트로는 채널의 브랜딩을 강화하고 시청자와의 유대감을 형성하는 데 큰 도움이 됩니다.

컷 편집

- 컷 편집은 영상을 통해 자신이 하고 싶은 이야기를 만드는 과정을 뜻합니다.
- 촬영한 영상을 불러와서 자신이 필요한 부분만 남기고 나머지는 잘라내 이야기의 흐름대로 잘라낸 영상들을 배치하는 과정을 말합니다.

타임랩스(Timelapse)

- 사전적으로는 [일정한 시간 간격으로 촬영하여 연속된 이미지로 보여주는 것]을 의미합니다.
- 필름 프레임의 캡처 주기를 연속된 프레임의 주기보다 훨씬 더 낮춰 촬영하는 기법으로, 매초마다 화면 이미지를 캡처한 다음 초당 30프레임으로 재생하면 그 결과는 30배 속도로 증가된 것입니다. 비슷한 방식으로 필름을 캡처한 것보다 훨씬 더 낮은 속도로 재생하여 빠른 움직임을 느리게 만들 수 있는데 이를 '슬로 모션' 또는 '고속 촬영'이라 부릅니다.

4K(UHD)

- 4K 해상도(UHD - Ultra High Definition)는 '초고선명도' 또는, '초고해상도'라고도 부릅니다. 일반 고선명도(고해상도)를 의미하는 영어단어의 머리글자 HD(High Definition)라는 단어를 사용하는 해상도 규격의 다음 세대 규격입니다.
- HD(1280*720)의 9배(가로 3배*세로 3배)이며, FHD(1920*1080)의 4배(가로 2배*세로 2배)인 3840*2160 해상도를 4K UHD라고 부릅니다.
- 최근에는 많은 사람들이 4K 카메라가 내장된 스마트폰으로 직접 촬영하고, 유튜브에 공유합니다.

해상도(resolution)

- 해상도란 디지털 이미지나 디스플레이 장치 등에서 사용되는 용어로, 화면이나 이미지의 세로와 가로의 픽셀(Pixel) 수를 의미합니다. 이는 화면이나 이미지가 얼마나 세밀하고 고해상도인지를 나타내는 척도이며, 일반적으로 가로 픽셀 수×세로 픽셀 수로 표시됩니다.
- 예를 들어 1920*1080 같은 방법으로 표현하는데, 이것이 픽셀의 개수를 나타내는 것입니다.
- 화면을 구성하는 픽셀의 개수가 많을수록 화면이 더 선명하고, 세밀하게 표현됩니다. 하지만 높은 해상도는 이미지 크기가 커지고, 그에 따라 파일 크기가 증가하며, 처리 성능과 저장 공간을 요구한다는 점을 고려해야 합니다.

프레임 레이트(frame rate)

- 프레임 레이트(Frame rate)는 영상이나 애니메이션을 구성하는 개별 이미지 프레임들이 초당 몇 번씩 화면에 표시되는지를 나타내는 측정 단위입니다. 즉, [초당 프레임의 수]로 표현됩니다.
- 영상과 애니메이션은 여러 개의 정지 이미지 프레임들이 연속적으로 재생되는 것으로 인식되기 때문에,

프레임 레이트는 이러한 이미지들이 얼마나 빠르게 연속적으로 전환되는지를 결정하는 중요한 요소입니다. 예를 들어, 30fps(프레임/초)의 영상은 1초당 30개의 이미지 프레임을 보여준다는 의미이며, 60fps는 1초당 60개의 이미지 프레임을 보여준다는 것을 의미하며, 높을수록 움직임이 부드럽고 자연스러워지지만 이에 따라 데이터 크기가 커지고, 장비의 성능이 높아야 합니다.
- 일반적으로 영화는 24fps 또는 30fps를 사용하고, 텔레비전과 동영상은 30fps 또는 60fps를 주로 사용합니다.

인플루언서(Influencer)

- 인플루언서(Influencer)는 '영향을 주다'라는 뜻에 '사람'을 뜻하는 -er 접미사를 붙인 것으로 [영향력을 행사하는 사람]이라는 뜻으로, 특정 분야에 대한 지식이나 경험을 바탕으로 대중에게 영향력을 미치는 사람입니다. 주로 소셜미디어를 통해 자신의 콘텐츠를 공유하고, 이를 통해 대중과 소통하며, 제품이나 서비스의 홍보, 캠페인 참여, 교육, 정보 제공 등 다양한 방법으로 대중에게 영향을 미칩니다.
- 인플루언서는 기업과 브랜드의 마케팅 전략에서 중요한 역할을 합니다. 기업과 브랜드의 제품이나 서비스에 대한 홍보를 통해 매출 증대를 돕고, 브랜드 이미지를 제고할 수 있습니다. 또한, 기업과 브랜드의 캠페인에 참여함으로써 사회적 책임을 다하고, 대중의 신뢰도를 높일 수 있습니다.

> 영향력으로 구분한 인플루언서 유형
> - 메가 인플루언서 : 셀럽, 셀러브리티, 유명크리에이터 등으로 수십만 ~ 수백만 명에 이르는 사람에게 영향을 미치는 인플루언서
> - 매크로 인플루언서 : 수만 ~ 수십만 명에 이르는 구독자를 확보하고 있는 페이스북 페이지, 블로그, 유튜브 채널 등 운영자
> - 마이크로 인플루언서 : 천 명 ~ 수천 명에 이르는 사람들에게 영향을 끼치는 개인 인플루언서
> - 나노 인플루언서 : 수십 ~ 수백 명의 팔로워를 확보한 개인 블로거 또는 SNS이용자

셀럽(Celeb)

- 셀럽(celeb)은 'celebrity'의 줄임말로, 유명인이나 연예인을 가리키는 용어로, 많은 사람들에게 인기가 있고 주목받는 인물로, 영화배우, 가수, 모델, 스포츠 스타 등 다양한 분야의 인물들이 포함될 수 있습니다.

굿즈(goods)

- 굿즈(Goods)는 영어 그대로의 뜻은 상품, 제품, 물품 같은 광범위한 뜻을 내포하고 있지만, 한국에서 사용하는 굿즈 뜻은 [캐릭터 상품, 팬시상품] 등을 의미합니다.
- 특정 브랜드나 연예인 등이 출시하는 기획 상품, 드라마, 애니메이션, 팬클럽과 관련된 하나의 컨셉과 주제로부터 파생된 모든 상품을 뜻합니다.

엠디

- 'Merchandise'의 줄임말로 [콘서트, 팬미팅, 전시회] 등에서 공식적으로 판매하는 굿즈를 이야기합니다.
- 공굿(공식굿즈)라고도 이야기합니다.

덕후, 오덕

- 덕후란 일본어 오타쿠를 한국식으로 발음한, '오덕후'의 줄임말로 현재는 [어떤 분야에 몰두해 전문가 이상의 열정과 흥미를 가지고 있는 사람]이라는 긍정적인 의미로 사용됩니다.
- 기존 사용하던 영어 'mania'와 같은 의미로 무언가에 열중하는 사람, 본인이 좋아하는 특정 영역에 대한 취향이 뚜렷한 이들을 지칭하는 용어로 활용되다가 뜻과 이용 범위가 넓어짐에 따라 그 의미도 '특별한 사람'이라는 뜻을 내재한 긍정적인 요소로 변화하게 되었습니다.

덕질
- '덕후'에서 파생한 덕질이란, '덕후질'의 준말로 어떤 분야를 열성적으로 좋아하여 그와 관련된 것들을 모으거나 파고드는 일을 말합니다.
- 일례로 연예인을 상대로 '덕질을 한다'의 의미는 해당 스타의 사진이나 앨범을 사고, 콘서트를 가고, 굿즈를 모으며, 시상식에 투표하는 등 팬심을 행동으로 직접 옮기는 것을 뜻합니다.

코덕
- 코덕이란 '화장품'을 뜻하는 영어단어 Cometic과 덕후를 합친 말로 화장품에 대한 애정과 관심이 가득한 이들로, 단순히 필요한 화장품을 구매하는 것을 넘어 매우 열정적인 모습을 보입니다.
- 일례로 코덕들의 명대사 중에 "하늘 아래 같은 색조는 없다."가 있는데, 이처럼 같은 레드, 핑크, 코랄 계열이라도 미세한 차이를 파악하여 모든 색상 라인을 구매하는 능력을 보입니다.

덕메
- 덕질 + 메이트가 합쳐진 말로 [덕질을 같이 하는 친구]를 의미합니다.
- 같은 것을 좋아하는 사람들끼리 모여 함께 카페를 가고, 콘서트를 가고, 전시회를 가는 등 함께 덕질하는 사람들입니다.

입덕
- 입덕은 '어떤 분야나 사람을 열성적으로 좋아하기 시작한다'는 뜻입니다.

휴덕
- '어떤 분야나 사람을 열성적으로 좋아하는 것을 잠시 멈춘다'는 뜻입니다.

탈덕
- 탈덕은 '어떤 분야나 사람을 열성적으로 좋아하는 것을 그만둔다'라는 의미입니다.

플미
- 플미는 '프리미엄'의 줄임말로 콘서트 티켓팅을 성공하지 못 한 사람에게 콘서트 티켓을 정상가에 구입해 비싸게 파는 행위를 말합니다.

성덕
- 성덕은 '성공한 덕후'의 줄임말로 '자기가 좋아하는 대상과 접점이 생기거나, 사회적으로 성공한 사람'을 의미합니다.

덕계못
- '덕후는 계를 못 찬다'라는 말로, 덕후는 자신이 좋아하는 연예인을 만나기 힘들다는 이야기를 빗대어 이르는 말입니다.

어덕행덕
- '어차피 덕질할 거 행복하게 덕질하자'의 줄임말입니다.

홈마
- '홈마스터'의 줄임말로 연예인, 운동선수 등 자신이 좋아하는 대상의 고퀄리티 사진과 동영상을 촬영해 올리는 사람을 이야기합니다.

포카
- '포토카드'의 줄임말로 앨범 구매 시 들어 있는 작은 사진을 이야기합니다.

손민수
- 웹툰 치인트에서 주인공을 항상 따라 하는 역할이었던 '손민수'에서 따와 좋아하는 대상의 의상 등을 따라 할 때 [손민수 한다]라고 합니다.

일코
- 일코는 '일반인 코스프레'를 줄여 이르는 말로, 주위의 시선이 두려워 [자신이 좋아하는 연예인이나 취미생활을 감추고 드러내지 않는 일]을 이야기합니다.

짤방, 짤
- 이미지 글이 삭제되는 걸 방지하는 것만이 목적인 이미지입니다.
- 글이 삭제되는 것, 짤리는 걸 방지하는 사진이 '짤림 방지 사진'이 되었고, 줄여서 '짤방'이 되었다가 더 줄여서 '짤'이라는 단어가 남았습니다.

전공, 나공, 후공
- 전체 공개, 나만 공개, 추후 공개

알완, 좋완, 구완
- 알람 완료, 좋아요 완료, 구독 완료

어그로(Aggro)
- 어그로는 영어단어 aggravation(도발)에서 파생된 신조어로 사전적 의미는 부정적인 느낌이 있습니다.
- 관심을 끌고 분란을 일으키기 위해 자극적인 내용을 올리거나 악어적인 행동을 하는 행위로, 실제 유튜버들이 [조회 수를 얻고자 비상징적인 행동이나 언행을 하는 경우를 어그로를 끈다.]라고 합니다. 부정적 이슈로 마케팅을 한다는 의미를 가진 노이즈마케팅과 매우 유사합니다.
- 좀 더 긍정적 의미로 해석하면 나의 게시글을 볼 수 있도록 관심을 적극적으로 이끌어 내는 일이라고 할 수 있습니다.

브이로그(V-log)
- '비디오' Video와 '블로그' blog의 합성어로 주로 개인이나 개체의 일상적인 활동, 경험, 생각 등을 동영상의 형식으로 기록하고, 공유하는 블로그 형태의 콘텐츠입니다.
- 브이로그는 일상생활, 여행, 음식, 패션, 뷰티, 튜토리얼, 리뷰 등 다양한 주제에 대해 만들어질 수 있으며, 주로 YouTube나 다른 온라인 비디오 플랫폼을 통해 공개됩니다.
- 브이로그를 제작하는 크리에이터들은 자신의 경험과 시점을 통해 시청자들과 소통하고, 공유하는 것이 주요 목적입니다. 시청자들과의 감정적 연결과 관심을 끌어내는 데 효과적인 방법으로 인기를 얻었습니다.

🎬 스테이 윗 미(Stay with me)

- '스테이 윗 미'는 영어 구문 'Stay with me'의 발음을 한국어로 표기한 것입니다. 따라서 '스테이 윗 미'의 뜻은 영어로 'Stay with me' 즉, 한국어로는 '나와 함께 있어줘' 또는 '나와 함께 머물러줘' 등으로 해석될 수 있습니다.

🎬 스터디 윗 미(Study with me)

- '나와 함께 공부해요'라는 의미로 실제로 공부하는 모습을 실시간으로 담은 영상으로, 혼자서 공부하고 있지만 내 옆에 화면 속 누군가와 함께 공부한 느낌으로 공부하면서 자극을 받거나 집중력을 높이는 데 도움을 줍니다.

🎬 오피스 텔러(Office Teller)

- 회사나 사무실에서 일어나는 다양한 일화를 각색하여 만든 짧은 드라마 형식의 콘텐츠입니다.

🎬 겟 레디 위드 미(GRWM : get ready with me)

- '나랑 같이 준비해요'라는 뜻의 영어 'get ready with me'를 발음한 것으로, 잠에서 깨어나서부터 외출하기 전까지 메이크업이나 패션 준비 과정을 담은 영상 콘텐츠입니다.
- 연예인들이나 유튜버, 셀럽들이 실제로 사용하는 제품에 대한 후기를 알려주는 콘텐츠가 많은데, 헤어 스타일 손질, 화장법을 알려 줍니다.
- 출근하기 전 겟 레디 위드 미, 여행 가기 전 겟 레디 위드 미 등 나가는 곳에 따라 다릅니다.

🎬 왓츠 인 마이 백(WIMB : What's in my back)

- '내 가방 안에 뭐가 있을까'라는 뜻으로, 가방 안에 들어있는 물건은 그 사람의 성격을 보여준다고도 하듯이 다양하고 무궁무진한 물건들이 담기다 보니 자연스럽게 하나의 콘텐츠 장르로 자리 잡았습니다.
- 자기만의 아이템들을 보여주며 내가 이걸 왜 들고 다니는지, 어떤 점이 편해서 들고 다니는지를 추천해 주기도 합니다.

🎬 ASMR(Autonomous Sensory Meridian Response)

- ASMR는 '자율 감각 외부 자극 반응(autonomous sensory meridian response)'의 약어로, 특정한 자극을 통해 일어나는 쾌락적이고 이완된 상태를 묘사하는 용어입니다. 이러한 자극은 흔히 낮은 음성, 속삭임, 소리, 손가락으로 만지는 소리 등과 같은 감각적인 자극입니다. ASMR은 대개 사람들에게 긴장을 풀어주고 수면을 유도하며, 두려움이나 스트레스를 줄여주는 효과를 가진다고 믿어지고 있습니다.
- ASMR은 뇌과학적으로 잘 이해되지 않았지만, ASMR 콘텐츠를 소비하는 사람들은 이러한 자극으로 인해 쾌락적인 느낌과 산만한 정신 상태에 빠지는 경험을 한다고 보고합니다. 이러한 경험을 나타내는 ASMR 콘텐츠는 주로 유튜브나 기타 온라인 플랫폼에서 찾아볼 수 있으며, 수많은 ASMR 아티스트들이 다양한 ASMR 소리와 활동을 제공합니다. 예를 들면, 먹방 ASMR, 스킨케어 ASMR, 글씨 쓰기 소리 ASMR 등이 있습니다.
- ASMR은 사람마다 체감하는 정도가 다르며, 과학적으로 인정받은 의학적 치료 방법은 아니지만, 일부 사람들에게는 스트레스 감소와 긴장 완화에 도움을 줄 수 있다고 여겨지고 있습니다.

▶ 백색소음

- 백색소음은 잡음의 종류 중 하나로 일정한 주파수의 소리가 균일하게 섞여 있는 소리를 말하며, 빗소리, 파도 소리, 새소리, 바람 소리, 에어컨 소리, 팬 소리, 기차 소리 등으로 집중력 향상, 수면 유도, 스트레스 해소 등에 도움이 되는 것으로 알려져 있습니다.
- 너무 조용한 집이나 독서실에서 공부를 하려고 하면 도저히 집중이 안 되고, 오히려 적절한 소음이 있는 카페에서 집중이 잘 된다고 합니다. (예: 스타벅스 백색소음)
- 2012년 일리노이대와 캐나다 컬럼비아대 공동 연구팀은 완전 정적보다는 50~70dB 정도의 소음이 창의력을 높인다고 발표하였습니다.

▶ 먹방(Mukbang/Meokbang)

- 먹방은 먹는다는 뜻의 '먹'과 방송의 '방'이 합쳐진 신조어로 [먹는 방송]을 의미합니다. 주로 음식을 먹는 모습을 촬영하여 영상으로 만들고, 그 영상을 유튜브에 업로드하는 콘텐츠 형태를 말합니다.
- 영어로는 eating show로 표기할 수도 있으나 2013년에 옥스포드 영어사전에는 Mukbang(먹방)으로 등재되어 있습니다.
- 먹방 콘텐츠는 주로 음식을 사먹는 것을 시청자들과 함께 공유하는 형식으로 진행됩니다. 대규모 식사를 하는 경우도 있고, 특정 음식점에서 맛집을 소개하는 경우도 있습니다. 시청자들은 먹방 영상을 통해 다양한 음식을 관람하고 먹방 주인공의 반응을 보며 재미와 만족감을 느낄 수 있습니다.
- 먹방 콘텐츠는 한국에서 시작되어 전 세계로 확장되었으며, 많은 유튜버가 먹방 콘텐츠를 제작하여 인기를 끌고 있습니다. 이러한 인기로 인해 먹방이 유튜브에서 자체적인 장르로 자리 잡게 되었습니다.

▶ 리얼 사운드

- 어떠한 콘텐츠에서 소리를 중점적으로 부각하는 것에 '리얼 사운드'라는 용어가 붙습니다. 대표적인 콘텐츠로는 [먹방 콘텐츠]가 있습니다. 면을 비비고, 접시에 옮겨 담고, 후루룩하며 먹는 소리가 맛깔스럽게 담기면서 리얼 사운드 콘텐츠들이 많아지고 있습니다.
- 리얼 사운드 콘텐츠는 사용하는 마이크의 특성상 큰 소리를 내지 못하기 때문에 유튜버의 음성보다는 다른 부가적인 소리에 집중되는 경우가 많아서 호불호가 갈리기도 합니다.

▶ 언박싱(Unboxing)

- '언박싱'은 상품이나 제품을 구매한 후 그것을 개봉하는 과정을 의미합니다. 일반적으로 언박싱은 제품 구매에 대한 기대감을 더하고 제품의 내용물과 디자인을 보여주는 데 많이 사용됩니다. 이러한 언박싱 과정은 주로 온라인 동영상으로 제작되며, 제품 구매를 고려하는 소비자들에게 제품에 대한 정보를 제공하는 데 도움이 됩니다.
- 언박싱 동영상은 소비자들이 제품의 크기, 디자인, 부속품, 기능 등을 미리 확인할 수 있게 해 주어 구매 결정에 도움을 줍니다. 또한 언박싱 동영상을 제작하는 유튜버들은 해당 제품에 대한 리뷰와 추천을 함께 하며, 제품을 홍보하거나 소비자들의 구매 경험을 공유하는 데 자주 활용됩니다.

▶ 하울(Haul)

- '세게 끌어당기다', '차로 나르다', '흥청망청하기', '사치부리다'란 뜻으로 인터넷 방송 등에서 물건을 대량으로 구매한 뒤 '나 이거 샀어요' 처럼 자랑하는 느낌과 우리가 흔하게 할 수 없는 것을 영상으로 보여주기 때문에 시청자들은 마치 자신이 구매한 것 같은 대리만족의 느낌을 받는다는 데서 리뷰와 차이가 있

습니다.
- 주로 많은 물건을 구매했을 때, 돈을 많이 썼을 때 촬영하는 경우가 많고, 영상 앞에 '명품 하울'이나 "럭셔리 하울'같은 수식어가 붙습니다.

하우 투(How to ~)

- 말 그대로 'HOW-TO' 영상을 말합니다. 어떤 일의 하는 방법을 알려주거나 간단한 팁을 가르쳐 주기도 하고, 어렵고 복잡한 문제 풀이를 하거나 다양한 노하우 등을 알려주는 정보성 콘텐츠입니다.
- 하우 투 영상을 논할 때 쉐어하우스라는 용어가 나오는데, 쉐어하우스는 '세상의 모든 노하우'라는 슬로건으로 생활의 팁, 가이드, 뷰티, IT, 음식, 디지털 등 갖가지 노하우를 영상으로 보여줍니다.

롤플레잉(Role playing)

- 어렸을 적 친구들과 놀며 많이 해본 상황극을 영상화한 것을 말하며, 미용실 롤플레잉, 병원 롤플레잉처럼 특정 상황을 설정해 놓고 자신이 마치 그 상황에 있는 것처럼 [역할 놀이]를 하는 것입니다.
- 큰 스토리를 가지고 대사를 주고받기도 하고, 주로 큰 모션 없이 편안한 소리를 많이 담아야 하는 ASMR처럼 특정 상황에서 발생하는 소리들을 녹음해서 전달하기도 합니다.

루틴(Routine)

- 특정한 작업을 실행하기 위한 일련의 명령이나 프로그램의 일부 혹은 전부를 뜻하는 컴퓨터 용어를 유튜브 영상 제작에 응용하는 것으로, 어떤 주제의 영상을 제작할 때 [자기만의 순서]로 소개하는 영상을 말합니다.
- 주로 운동루틴, 화장품 루틴, 베이비 루틴 등이 많은데 운동루틴은 헬스 등 자신의 운동 순서와 방법을 소개합니다.

홈트(Home Training)

- 홈 트레이닝(Home Training)을 줄여 부르는 말로써 헬스장이나 운동장을 가지 않고도 집과 같은 자신의 공간에서 하는 운동으로 몸을 관리하는 것을 말합니다.
- 홈트 영상 유튜버들은 콘테츠 전문성을 높이기 위해 피트니스 전문가와 동작을 일일이 검수받기도 하고, 다양한 사람들이 영상을 접하는 만큼 난이도도 동작별로 응용해 영상을 제작하기도 합니다.

리액션(Reaction)

- 반응 반작용이란 뜻으로 유튜브에서는 리액션 영상이라고 하기도 합니다.
- 주로 '~를 본 ○○의 반응'이라는 제목이 자주 쓰기도 하며, 주로 새로 나온 뮤직비디오, 인기 영상 등을 보여주고 반응하는 모습을 촬영하는 영상을 말합니다. 서로 다른 문화권에 있는 사람일수록 더 크고 신기하다는 리액션을 많이 하기 때문에 외국인들을 대상으로 촬영하는 경우가 많습니다.

뮤직비디오(Music Video)

- 주로 음악과 함께 춤이나 스토리가 포함된 동영상으로, 가수들이 노래 홍보와 함께 제작합니다.

커버(Cover) 영상

- 유명한 가수의 노래나 춤을 자기만의 스타일로 재해석해서 부르거나 연주하는 경우 해당 가수의 노래 창법을 그대로 따라 하거나 춤을 그대로 따라 추는 영상이 인기가 많습니다.

- 저작권자의 허락을 맡지 않은 커버 노래 영상, 커버 댄스 영상, 음원이나 뮤직비디오가 삽입되는 편집 영상 등은 모두 저작권 침해에 해당합니다.

하꼬방송

- 어원은 상자를 뜻하는 일본어 はこ(하꼬)+방으로 판잣집을 속되게 이르는 말입니다. 6.25 전후 부산으로 내려온 피난민들이 지은 매우 작은 칸막이 판잣집방을 말하는데 인터넷 방송 중에서 규모가 매우 작은 방송국을 이르는 말입니다.

머천다이징(Merchandising)

- 유튜브 채널에서 자신의 브랜드를 홍보하기 위해 상품을 판매하는 것을 의미합니다.

프로불편러

- 'Pro(professional) + 不便(불편) + er(~하는 사람을 뜻하는 접미사)'의 합성어로 '이거 나만 불편한가요?'라는 말과 함께 불편함을 그대로 드러내어 주위 사람의 공감을 얻으려는 사람을 이르는 말입니다.
- 원래는 인터넷 커뮤니티에서 유머성 게시글에 대해 과도하게 예민하게 반응하거나 쓸데없이 트집 잡는 행태를 벌이는 사람들을 네거티브하게 가리키는 말이었으나 최근에는 성평등에 어긋나는 사건이나 사태에 대해서 이를 비판적으로 지적하는 사람을 주로 가리키는 말이 되었습니다.

화이트 불편러

- '화이트 + 불편 + ~er(~하는 사람)'의 합성어로, '정당한 불편을 느끼는 사람'을 뜻합니다. 이들은 사회의 부조리와 차별에 대해 정의로운 목소리를 내며, 변화를 위해 노력하는 사람들입니다. 화이트 불편러들은 소셜 미디어를 통해 자신의 의견을 적극적으로 표현하고, 공론을 형성하는 데 도움을 주고 있습니다.
- 사이버 공간에서 중요한 정보를 훔치는 블랙 해커 또는 크래커를 방어하는 전문가를 화이트 해커라고 하듯, 화이트 불편러에서의 화이트는 좋은 뜻을 의미합니다.

OOTD(Outfit of the day)

- 'OOTD'는 'Outfit of the Day'의 약어로, 옷차림이나 패션 스타일을 나타내는 해시태그(또는 소셜 미디어에서의 표현)입니다. 유튜브뿐만 아니라 인스타그램, 트위터, 페이스북 등의 소셜 미디어에서 자신의 하루 복장을 자랑하거나 스타일을 보여주기 위해 사용됩니다.
- 매일매일 달라지는 스타일과 멋진 의상을 자랑하는 데 사용되며, 패션 열정이나 자신만의 개성을 표현하기 위해 많은 사람들이 이용합니다. 또한 옷차림을 자랑하는 것 외에도, 패션 블로거나 옷 샵 등과 협찬을 맺거나 홍보를 위해 사용되기도 합니다.

OTT(Over the top service)

- OTT는 'Over-The-Top'의 약자로서, 인터넷을 통해 영상, 음악, 게임 등의 다양한 콘텐츠를 직접 제공하는 서비스를 가리키는 용어입니다. 이러한 서비스는 기존의 전통적인 미디어 제공 방식인 케이블 TV, 위성 방송, 라디오 등과 달리 인터넷을 통해 콘텐츠를 제공하기 때문에 'Over-The-Top'이라고 부릅니다.
- 초기에 단말기를 통해 영화·TV 프로그램 등 프리미엄 콘텐츠를 VOD 방식으로 제공하였으나, 인터넷 기술변화에 따라 콘텐츠 유통이 모바일까지 포함하면서 OTT의 의미가 확대되었습니다. 한국에서는 N스크린이라는 이름으로도 불립니다.
- 2023년 OTT 순위는 넷플릭스, 웨이브, 티빙, 쿠팡플레이, 디즈니 플러스, 시즌, 왓챠 순입니다.

■ 재미있는 유튜브 용어

용어	뜻	의미
구완	구독 완료의 줄임말	유튜브 채널의 '구독' 신청을 했다는 뜻
구취	구독 취소의 줄임말	유튜브 채널의 '구독'을 취소했다는 뜻
닉차	닉네임 차별의 줄임말	닉네임을 보고 이 사람이 누군지 판단하여 차별한다는 의미
반모	반말 모드의 줄임말	반모를 하게 되면 친구처럼 지낼 수 있다는 의미
반박	반박 모드 박탈의 줄임말	반말 모드를 했던 상태에서 사이가 나빠지게 되면 반모를 박탈하는 것을 의미
반위	반말 모드 박탈 위기의 줄임말	사이가 나빠져 반모를 박탈할 위기에 놓여 있다는 의미
반유	반말 모드 유지의 줄임말	반말모드를 계속 유지한다는 뜻
불소	불타는 소통의 줄임말	메신저나 댓글 등으로 활발하게 대화를 나눈다는 의미
설참	설명 참고의 줄임말	유튜브 영상 아래 더보기란 등 미리 작성된 설명을 통해 질문을 해결하라는 말
윰차	유무 차별의 줄임말	구독자가 자신보다 더 많으면 받아주고 적으면 안 받아주는 것을 나타내는 말
좋완	좋아요 완료의 줄임말	유튜브 영상을 시청한 후 '좋아요'를 눌렀다는 뜻
죽반	죽어도 반말 모드의 줄임말	무조건 반말을 사용하는 모드로 엄청 친하게 지내자는 의미
지뺏	지인 뺏기의 줄임말	반모자였던 사람이랑 반모하자고 하면서 지인을 뺏어간다는 뜻
톡디	톡 아이디의 줄임말	카카오톡 아이디를 알려 달라는 뜻
평반	평생 반말 모드의 줄임말	죽을 때까지 반말을 하자는 의미로 또래로 인식한다는 의미
임구	이미 구독	'이미 구독'이라는 말의 줄임말
부구	부계정으로 구독	'부계정으로 구독한다'라는 줄임말
후공	추후 공개	어떤 내용을 주제로 이야기할 때 당장 공개하는 것이 아닌 나중에 공개하겠다는 의미
영참	영상 참고의 줄임말	영상을 보면서 이야기할 경우 사용하는 '영상참고'라는 뜻
섹추	섹션 추가	자신의 채널에 다른 사람의 채널을 넣는 것
군싹	'군침이 싹도노'의 줄임말	먹방 콘텐츠 영상 댓글에 자주 등장
옛능	'옛날 예능'을 일컫는 말	10년, 20년이 지난 과거 예능 영상
국룰	'국민의 룰' 줄임말	보편적으로 통용되거나 유행하는 규칙 및 행동
윰차	유무 차별	구독자 유무를 차별한다는 의미
닉차	닉네임 차별	닉네임을 보고 누군지 판단해서 차별한다는 의미
ㅈㅂㅈㅇ	'정보좀요'의 초성	SNS상에서 정보를 물어볼 때 사용

좋댓구알: 좋아요, 댓글, 구독, 알림설정, **스불재**: '자초한 재앙'을 스스로 한탄할 때 쓰는 말
팬아저: 팬은 아니지만 저장, **갓생**: 성실하고 부지런한 삶
당모치: 당연히 모든 치킨은 옳다, **서송요 기법**: 소원하는 일을 이미 벌어진 듯 말하는 법
식집사: 반려식물을 키우는 사람, **어쩔티비**: 어쩌라고 가서 티비나 봐
억텐: 억지 텐션(반대:찐텐), **오방있**: 오늘 방송 있나요?, **점메추**: 점심 메뉴 추천, **주불**: 주소 불러
라방: 라이브 방송, **얼공**: 얼굴 공개, **도금**: 도용금지, **즐감**: 즐거운 감상
캘박: 캘린더 박제(약속 날짜를 정할 때 사용), **실간**: 실시간

02강 4차 산업혁명 시대 누구나 유튜브를 해야만 하는 이유?

요즘 유튜브는 어린아이부터 100세 가까운 어르신들까지 모르는 사람이 없을 정도로 애용하는 SNS채널입니다.
유튜브가 대세인 이유를 일반적인 관점과 비즈니스 관점으로 나눠서 설명해 보겠습니다.

가정이나 학교에서 유튜브를 사용하는 일반적인 관점을 먼저 알아보겠습니다.
초등학교 직업 중에 최고로 인기몰이를 하고 있는 것이 [유튜브 크리에이터(이하 '유튜버')]입니다.
그래서 그런지 요즘은 초등학교 어머님들이 학교에서 학부모 연수를 받을 때 [유튜버] 교육을 해달라고 의뢰가 많이 옵니다.
그 이유는 초등학교 학생들이 유튜브 활동을 시작하는 데 있어 많은 질문들을 부모님들한테 하는데 가르쳐 줄 수 있는 것이 하나도 없다는 답답한 마음을 느껴서가 가장 많았습니다.
유튜브 용어부터 낯설고 교육 프로그램들도 네이버나 유튜브에서 찾아보면 많은 정보들이 있지만, 실제 해 보고자 한다면 쉽지 않은 게 현실입니다.

단순히 유튜버라고 하면 유튜브에 촬영한 동영상이나 대충 편집한 영상만 올리면 된다고 생각하시는 분들이 의외로 많은데 다른 사람들의 관심을 모으기 위해선 영상만 필요한 것이 아닙니다.
아이들과의 소통과 아이들의 꿈을 위해서라도 학부모님들이 유튜브에 대해서 기본적인 상식 수준은 배우고 익혀야 할 필요가 있습니다.
아이들은 새로운 것에 대해서 금방 배우기 때문에 깊이 있는 생각과 전략이 없이 쉽게 유튜버가 되겠다고 하는 경우가 많습니다.
하지만, 아이들이 유튜브에 영상을 올려놔도 찾아오는 사람들이 많지 않아 꿈을 시작하기도 전에 실망을 느끼는 경우가 많습니다.

어린아이들은 당장 돈을 버는 목적보다는 자신의 취미나 관심사에 대해 영상으로 공유하고 소통하는 데에서 즐거움을 찾으려 합니다.
그렇지만 대부분의 영상들은 그렇지 못합니다. 그러다 보면 쉽게 지치고 그만두게 되는 것입니다.

앞으로는 부모님들이 유튜버가 알아야 할 기능적인 부분도 이해하고 있어야 하지만 유튜브 마케팅에 대해서도 제대로 이해를 하고 아이들한테 얘기를 해준다면 더할 나위 없이 아이들이 미래의 성공한 유튜버로서 활동하는데 많은 도움이 될 것입니다.

유튜브 마케팅에 대해서 어렵게 생각하지 마시고 아이들이 앞으로 올릴 영상이 어떻게 구성되어야 시청자들이 좋아요 와 구독을 눌러주며, 보다 길게 영상을 시청할지에 대한 기본적인 방법을 공부하시면 유튜브 마케팅에 대한 개념들을 잡은 거나 마찬가지입니다.
영상을 멋지게만 만든다고 시청자가 무조건 좋아하는 것은 아닙니다.
시청자들이 원하는 정보를 제공했을 때 시청자들은 유튜버가 올린 영상에 관심을 가지게 됩니다.

기본적으로 고객의 니즈(욕구)를 찾아내는 방법에 대해서 조금만 공부하고 아이들한테 알려준다면 아이들도 흥미를 느끼고 열심히 적극적으로 유튜버 활동을 하게 될 것입니다.

중학교 3학년이나 고등학교 3학년의 경우에는 진학을 하기 위해서 자소서 등 자신의 활동 사항을 만들어서 제출을 합니다.
옛날처럼 암기해서 공부만 잘한다고 잘 되는 세상은 이미 지났습니다.
아이들이 어렸을 때부터 자신이 하고 싶은 분야에 대한 내용을 SNS 채널(블로그, 유튜브 등)에 기록을 하고 체계적으로 만들고 그 내용들을 모아서 진학하는 학교 담당자에게 제출한다면 일반 학생들보다 더 많은 기회와 더 높은 진학 확률을 가지게 될 겁니다.
글을 써서 기록을 남기는 것도 좋지만 유튜브에 영상으로 담아낸다면 자기가 하고 싶은 이야기들을 좀 더 풍부하고 재미있게 전달할 수 있을 것입니다.

어려서부터 유튜버로서 활동하기 위해서는 글쓰기 훈련, 남 앞에서 말하기 훈련 등이 필요한데 유튜버로 활동하는 학생들은 이러한 훈련들을 자연스럽게 하게 될 것입니다.
유튜버로 활동하게 되면 자신의 모습이 영상매체로 확인이 되기 때문에 스스로나 부모로부터 단점과 장점에 대한 피드백을 받기 쉬워지고 이러한 요소는 장기적으로 아이들의 건강한 미래에 도움이 될 것이라고 생각됩니다.

제가 학교에서 강의할 때 선생님들과 학부모님들 대상으로 항상 하는 말이 있습니다. 아직까지도 대한민국의 교육은 암기·주입식 교육에서 벗어나지 못하고 있습니다. 주입식 공부만을 해야 성공하는 길이라고 가르치는 현실이 안타깝습니다.
중고등학생뿐만 아니라 대학생들도 취업을 준비하는 데 있어서 토익, 토플, 학점, 스펙에만 너무 집중하는 것보다는 자신이 취업하고 싶은 분야에 대해서 자료를 수집해서 책을 내거나 블로그나 유튜브에 관련 자료들을 업로드해서 관리를 해나가고 결과물들을 인사담당자들에게 제출할 수 있다면 일반 학생들보다도 더 유리한 시작점에서 출발할 수 있습니다.

대학 강의를 다녀보면서 대학생들에게 취업에 관해 질문하면 30년 전과 지금 시대와 다른 것이 '무엇'만 달라졌을 뿐 하는 방식은 변화가 없다는 것을 느낄 수 있었습니다. 빠르게 변화하는 이 시대에 30년이나 같은 방식으로 접근을 시도하는 것은 자신의 시간과 노력을 낭비하는 것이라고 생각됩니다.

대학에서 학생들을 가르치는 교수님들도 하루빨리 스마트폰과 SNS에 대해서 특히 유튜브 마케팅에 대해서 이해를 하고 활용법에 대해서 배우고 익혀서 대한민국을 책임지고 나갈 젊은 친구들에게 앞으로 어떻게 해야 자신의 가치를 발견하고 돈을 벌며 사회에 기여할 수 있는지 교육해야 할 것입니다.
가정에 학부모나 교육기관의 선생님들이 먼저 4차 산업혁명시대 우리 아이들의 미래를 위해서라도 유튜브를 비롯해서 스마트폰 활용 및 SNS도구 활용에 대한 이해와 배움이 필요한 시기입니다.

이번에는 유튜브를 해야만 하는 이유에 대해 비즈니스 관점에서 설명해보겠습니다.
사업을 하는 사람들 입장에서도 유튜브 마케팅은 큰 무기입니다.
사업을 하시는 분들이 유튜버 수익을 통해 매출을 올리라는 차원에서 말씀드리는 것은 아닙니다.
현재 대한민국에서 검색포털 1위는 당연히 네이버라고 할 수 있습니다.
하지만, SNS채널 중 총 머무르는 시간을 따져보면 네이버보다 유튜브가 더 깁니다.

점차 고객들이 자신이 원하는 정보를 유튜브에서도 찾고 있다는 뜻입니다. 세상에서 제일 힘든 일 중의 하나가 고객의 주머니에서 돈을 꺼내는 일이라고 합니다. 돈을 지불하고 자신이 원하는 정보나 콘텐츠를 구매하고자 하는 고객들은 정보를 어디서 찾나요?
당연히 스마트폰을 꺼내 들고 네이버나 유튜브 등에서 정보를 찾고 있습니다.

고객들은 SNS 상에서 정보를 찾고 있는데 정작 사업을 하는 사람들은 어떤가요?
특히 스마트 기기에 취약한 시니어 실버 사업자들은 옛날 방식으로만 사업을 하고 있는 경우가 많습니다.
고객을 모으고자 한다면 고객들이 몰려있는 곳에 가서 자신의 제품이나 콘텐츠를 홍보해야 한다는 것을 알고 있으면서도 아직까지도 SNS채널은 단순히 일반인들이 자신의 취미나 관심사를 제작해서 공유하고 돈을 버는 수단으로만 생각하는 것이 현실입니다.

아시는 분들은 아시겠지만 지금 유튜브에서는 자신의 제품이나 콘텐츠뿐만 아니라 건물까지도 매매가 되고 있는 상황입니다.
1인 기업가인 강사들은 유튜브를 통해서 크게 돈 안 들이고 자신을 홍보하고 출판과 강의를 통해서 수익을 창출하고 있습니다.
이처럼 개인은 유튜브를 통해서 자아실현과 성취감을 느끼는 것만을 중요하다고 생각할 수 있지만, 비즈니스를 하는 사람들은 필수적으로 유튜브 마케팅을 제대로 배우고 익혀서 일의 효율성과 효과성을 극대화해야 할 것입니다.

직장인들의 경우에도 과거와 달리 투잡, 쓰리잡을 하는 경우가 많습니다.
직장인들이야말로 미래를 준비하는 차원에서라도 유튜버로서 활동해야 합니다.
과거에는 특정인이나 특정 콘텐츠가 인기가 많고 돈이 되었습니다.
하지만, 요즘은 흥미 위주의 콘텐츠를 넘어서 다양하고 전문적인 지식을 공유하는 유튜버들이 시청자들과 소통하면서 유튜브 세계를 키워나가고 있습니다.

직장인들의 경우 자신이 하는 업무와 관련된 콘텐츠를 유튜브에서 홍보할 수도 있고 자신의 관심사나 취미를 촬영하고 편집해서 유튜브에서 홍보도 하고 부수익도 기대할 수 있는 일석이조의 효과를 기대해 볼 수 있습니다.
처음에는 부담 갖지 말고 일주일에 1건이라도 영상 콘텐츠를 제작해서 유튜브에 올려보는 것부터 시작해 보는 것이 유튜브 마케팅의 첫걸음이 되겠습니다.
직장 생활하면서 쌓인 노하우와 지혜를 이용해 퇴직 후에도 어렵지 않게 유튜브 콘텐츠를 제작하면서 그와 동시에 평소에 관심 있었던 일도 하며 인생의 2막을 살아갈 수 있을 것입니다. 여가와 재미를 챙기면서 수익도 기대할 수 있는 유튜브를 이제는 안 하는 것이 이상할 지경입니다.
직장인들이나 퇴직하신 분들이 지금보다 더 즐거운 인생을 살아가고자 한다면 꼭 명심해야 할 것 중의 하나가 인생을 살아오면서 쌓아온 인생 경험과 직장 생활에서의 노하우가 유튜브를 통해 돈이 될 수 있다는 것을 아셨으면 합니다.
비즈니스는 타이밍이라고 합니다. 아직은 비즈니스 하시는 소상공인분들이 유튜브 마케팅을 적극적으로 활용하고 있지는 않습니다.
경제학자들이 정의한 바에 의하면 인구 5,000만 명 기준으로 볼 때 100만 명 이상이 사용하면 패션(Fashion)이고 500만 명 이상이 사용하면 트렌드(Trend)이고 1,000만 명 이상이 사용하면 문화(Culture)라고 합니다.

유튜브 사용자가 전 세계적으로 20억 명이 넘습니다.
유튜브는 트렌드(Trend)가 아니고 문화(Culture)입니다.
전 세계 사람들이 몰려있는 유튜브 생태계에 빨리 적응하는 기업만이 자신들이 원하는 바를 얻으며 기업문화를 만들어 갈 수 있을 것입니다.
대부분의 사람들은 유튜브를 하는 사람들이 많은데 지금 유튜브를 하면 성공할 수 있나요? 하며 고민들을 많이 합니다.
하지만, 유튜브는 레드오션이 아니라 블루오션이라고 생각하면 됩니다.
과거에도 식당들이 많이 있지만 지금도 많은 식당들이 문을 닫고 새롭게 식당들은 많이 생겨나고 있습니다.
모든 일에는 명암이 있게 마련인데 유튜브 시장도 성공하는 게 쉽지만은 않지만 그래도 기회비용을 생각하면 안 할 이유가 없는 SNS 채널인 것입니다.
유튜버로서 활동하는 게 쉽지 않지만, 시간, 나이, 인맥, 돈에 구애받지 않고 자유롭게 할 수 있는 사업이 얼마나 될까요?
아무리 조그마한 가게를 한다고 해도 많은 돈과 노력이 들어가야 하는 걸 생각해 보면 굳이 유튜브를 해야 하는 이유에 대해서 길게 얘기하지 않아도 이해하실 겁니다.

대한민국 국민 5,180만 명!
50세 이상은 2016년 말 기준으로 2천만 명이 넘어섰고, 2018년 말 기준 65세 이상은 780만 명이 되었습니다.
일본처럼 초고령화 시대가 되어가고 있습니다.
대한민국 퇴직자들은 2019년 말부터 매년 40만 명씩 늘어나고 있습니다.
위에서도 언급했지만, 유튜브는 퇴직자들에게도 많은 기회를 제공해 줄 수 있는 SNS 채널입니다.
스마트폰 하나만 있으면 자신이 있는 곳이 사무실이 될 수 있고 촬영 스튜디오가 될 수 있는 세상입니다.
나이 들수록 자신의 가치와 정체성을 찾아가고자 하는 사람들이 많은데 SNS 채널 특히 유튜버로서 활동하는 것은 시니어 실버들에게 자신의 가치와 정체성을 찾아줄 도구임에는 확실합니다.
대한민국 내에 수많은 유튜버 교육을 진행하는 곳이 많은데 기능적인 면과 마케팅적인 측면에서 보다 체계적이고 디테일한 교육이 진행이 되었으면 합니다.
체계적인 교육이 진행이 돼야 수강생들이 자신이 갖고 있는 잠재력을 충분히 끌어내서 많은 사람들과 공유하고 지금보다 즐겁고 행복한 인생을 살아갈 수 있을 것입니다.

개인과 기업이 유튜브를 해야만 하는 이유에 대해서 한 줄로 정리하자면 유튜브는 남녀노소 누구에게나 열려있는 기회의 땅이고 그보다 더 중요한 건 서로 소통하고자 하는 고객들이 갈수록 몰려드는 시장이라는 것입니다.

03강 유튜브로 돈을 벌 수 있는 방법 총정리

유튜브에 대해서 잘 모르시는 분들은 유튜브로 돈을 버는 방법은 광고 수익만 있다고 생각하는 경우가 많습니다.
하지만, 유튜브를 통해서 수익을 내는 방법들은 다양합니다. 3강에서는 어떻게 돈을 벌 수 있는지에 대해서 자세히 알아보도록 하겠습니다.

유튜브로 돈을 벌 수 있는 방법 15가지!

1. 구글 애드센스 광고로 돈을 벌 수 있습니다.

구글 애드센스 광고는 유튜브 영상 앞에 나오는 광고를 말합니다. 구독자 1,000명 1년 내 총 시청 시간 4,000시간 이상이 되어야 조건이 됩니다.

▶ 구글 애드센스란?

구글에서 운영하는 광고 수익 배분 사업입니다. 광고주들이 구글에 광고를 내면 구글은 자사 플랫폼 사이트 및 블로그 등에 광고를 게시합니다.
그러면 구글이 얻게 되는 광고 수익 일부를 유저층에게 배분하는 광고료 지급 방식입니다. 일반적으로 많이 보이는 사례는 유튜브에서 흔히 찾을 수 있는데, 영상 재생을 클릭하면 재생 바에 노란 줄이 있고, 이때 광고가 사용자 측에 재생되는 것이 구글 애드센스 중 하나입니다.
유튜브는 영상 재생 전이나 재생 중간중간 광고가 나오는데, 유튜브 영상 조회 수를 포함해 종합적 광고 노출 시간을 측정해서 유튜버들에게 광고비를 지급합니다.
일반적으로 2017년 기준으로는 유튜버 광고 수입이 10만 뷰 당 대략 15~20달러였다고 합니다.
애드센스의 장점이라고 하면 구글이 미국 회사이기 때문에 광고료가 대부분 미 달러로 사용자 측에게 지급된다는 점입니다.
당연히 달러 환율이 높다면 그만큼 환율에 의한 차익도 자연스럽게 얻을 수 있습니다. 또한 광고주 측에게도 이러한 구글 애드센스가 좋다고 하는데, 비교적 저렴한 가격으로 개인 홈페이지나 블로그 중심의 광고 게재가 가능하기 때문에 은근히 효과가 좋다고 합니다.
애드센스의 단점도 존재하는데, 이상한 광고가 소스 이상으로 인해 노출될 가능성이 있기도 하며, 기본적인 정책사항이 까다로워서 가입이 힘들다는 점입니다. 주로 콘텐츠가 부족할 경우에는 가입 승인이 거절될 수 있습니다.
그리고 구글 애드센스 수입으로 많은 돈을 버는 사람은 드물고, 소수의 고수입자의 사례만 보고 허황된 꿈을 좇지 않도록 주의가 필요하겠습니다.

2. 유튜브 멤버십으로 돈을 벌 수 있습니다.

매달 정기적으로 일정 금액을 크리에이터에게 후원하는 제도를 말합니다. 멤버십 수익 배분은 7:3으로 수익의 70%를 유튜버가 가져가는 구조입니다.

구독자 3만 명 이상인 크리에이터들만 가능한데 게임채널은 1,000명 이상이면 된다고 합니다. 멤버십에 가입한 사람들에게 특별한 콘텐츠를 제공하고 수익을 얻습니다. 많이 알려지지 않은 이유는 운영 조건이 조금 까다로워 실제 운영하는 크리에이터가 적기 때문입니다.

유튜브 멤버십에 가입되어 있는 채널인 경우 구독 버튼 옆에 가입이라는 버튼이 보입니다. 그럼 가입하고자 하는 사람들은 가입하고 등급별로 후원을 할 수 있습니다. 멤버십은 정보 위주의 채널보다는 팬쉽이 강한 채널 또는 시청자 충성도가 강한 정치뉴스 같은 데서 주 수익원으로 활용되고 있습니다. 멤버십은 여러 단계로 금액 설정을 할 수 있고 멤버십 등급에 따른 혜택도 부여할 수 있습니다. 멤버십 회원에게만 공개되는 영상이나 게시글을 제공할 수도 있고 멤버십 회원을 위한 특별한 행사를 열 수도 있습니다.

멤버십 혜택 요금제는 등급에 따라 다릅니다. [감사 등급 1,990원], [기도 등급 2,900원], [감동 등급 4,990원], [충성 등급 12,000원]인데 주로 감사 등급을 많이 애용한다고 합니다.

3. 유튜브 슈퍼 챗(Super Chat)으로 돈을 벌 수 있습니다.

유튜브의 실시간 스트리밍 방송에 들어 있는 슈퍼 챗 기능을 이용해 수익을 버는 방식입니다. 구독자 1,000명 이상 만 18세 이상이어야 합니다.

생방송으로 시청자들과 교류할 수 있는 실시간 방송에는 슈퍼 챗이라는 채팅 기능이 포함돼 있습니다. 팬들은 이 슈퍼 챗으로 유튜버에게 직접 현금을 후원할 수 있으며 후원과 함께 자신의 메시지를 채팅창에 크게 알릴 수 있습니다. 아프리카 TV 별풍선을 통해 수익창출을 하는 것과 같은 것입니다.

수퍼 챗 수익구조는 7:3, 크리에이터가 70%를 가져가는 구조입니다. 많은 분이 슈퍼 챗은 라이브 방송할 때만 적용된다고 생각하는데 영상 업로드할 때도 슈퍼 챗을 받을 수 있습니다. 유튜브 업로드 시 '인스턴트 Premiers 동영상으로 설정'이라는 항목이 있는데 이 부분을 체크하고 게시를 하면 게시됨과 동시에 영상을 시청자들과 함께 시청할 수 있습니다. 함께 시청하는 동안 슈퍼 챗을 받을 수 있습니다. 일반적인 라이브 방송은 말 그대로 라이브 방송이라면 인스턴트 업로드는 녹화 영상을 함께 라이브로 보는 개념으로 이해하면 됩니다.

4. 미디어 커머스를 통해 돈을 벌 수 있습니다.

미디어(Media)와 상업을 뜻하는 커머스(Commerce)의 합성어로, 미디어 콘텐츠를 활용해 마케팅 효과를 극대화하는 방식의 전자상거래를 말합니다.

제품을 가지고 영상을 촬영해서 실제로 판매가 되게끔 홍보를 하는 방식입니다.

5. 브랜디드 콘텐츠(브랜드 광고)를 통해 돈을 벌 수 있습니다.

브랜드의 가치를 통해서 공감을 불러일으키는 콘텐츠를 제작해서 돈을 버는 방식인데 인기 유튜버의 경우 채널에서 나오는 수익(광고 수익+후원 수익)보다 브랜드 광고 제작으로 훨씬 더 많은 돈을 벌고 있습니다. 수익이 불규칙적이기는 하지만, 한 건당 적게는 몇 십만 원에서 많게는 몇 천까지 버는 경우가 많습니다. 해외 탑 크리에이터의 경우에는 억대까지 가기도 합니다.

이는 파워 블로거처럼 광고주들이 유튜버에게 제품이나 홍보비를 지불하면, 유튜버들은 제품이나 서비스를 홍보하는 콘텐츠를 제작하여 올립니다.

이런 브랜드 콘텐츠는 2가지 타입으로 구분할 수 있습니다.
첫 번째 타입은 PPL입니다. PPL은 'Product Placement'의 약자로 영상 내에서 제품을 노출시켜 주거나 간단한 언급을 하는 것을 말합니다.
길어야 5분 내외이기 때문에 비용은 낮지만, 유튜버 입장에서는 가장 만들기 쉬운 광고라는 장점이 있습니다.

두 번째 타입은 브랜드 광고 영상입니다.
브랜드 광고 영상은 영상 내에서 제품이나 서비스를 사용하거나 후기를 말하면서 광고를 자연스럽게 콘텐츠 화하는 것을 말합니다.
길이는 10분 내외 정도이기 때문에 PPL보다는 홍보비가 더 높으며, 브랜드의 요구사항이 많을 수 있습니다.
하지만, 광고 영상이 광고주 기대치에 부합한다면 주기적으로 광고 영상 제작 의뢰를 받을 수 있다는 장점이 있습니다.

6. 마케팅 대행을 통해서 돈을 벌 수 있습니다.

마케팅 대행은 해외에서 활발하게 이루어지는 수익 창출 수단 중 하나인데 국내에서는 활발한 편은 아닙니다.
대표적으로는 아마존 어소시에이트(Associate) 프로그램이 있습니다.
[아마존 어소시에이트]란? 유튜버가 자신의 고유한 코드가 부여된 아마존 상품 링크를 걸고, 그 링크를 통해서 제품이 구매가 이루어지면, 최대 10%의 수수료를 받는 방식입니다. 주로 IT 리뷰 콘텐츠에서 많이 이루어집니다. 이런 방식은 유튜버에게는 제품 추천만으로도 추가적인 수익을 창출할 수 있는 좋은 방법 중 하나입니다. 이렇게 상품 링크 이외에도 쿠폰을 활용하는 방법도 있습니다.
유튜버는 시청자에게 쿠폰 코드를 알려주고, 그 쿠폰을 통해서 구매가 이루어졌을 때, 유튜버에게 일정 수수료가 가는 방식입니다.
예를 들면, 배달 앱에서 [youtube]이라는 5% 할인 쿠폰을 일정 기간 동안 발행해 주고 유튜버가 배달 앱을 홍보하면서 [youtube] 쿠폰 사용을 통해 구매를 이끌어 내면 일정 부분의 커미션을 받는 형태인 것입니다.

국내에는 [쿠팡 파트너스] 서비스가 있습니다. 온라인 채널을 소유한 쿠팡 회원이라면 누구나 이용 가능합니다.
이용방법은 쿠팡 파트너스 사이트(Partners.Coupang.com)에서 단 몇 분이면 가입신청이 완료되며 이후 원하는 제품이나 서비스를 가입자의 웹사이트에 배너나 링크의 형태로 연결하면 됩니다. 수익 확인은 쿠팡이 자체 개발한 트래킹시스템과 실시간 현황판에서 수시 모니터링할 수 있으며 수익금은 월별로 정산해 사전 등록된 계좌로 이체됩니다.

7. 굿즈(Goods) 판매 및 오프라인 팬미팅을 통해서 돈을 벌 수 있습니다.

자신이 어떤 상품을 제작해서 판매를 통해 돈을 벌 수 있습니다. 또한, 인기 유튜버의 경우 팬미팅을 통해서 자신을 대표할 수 있는 상품을 개발해서 돈을 벌 수도 있습니다.

8. 본인 사업과 병행해서 돈을 벌 수 있습니다.

내 사업 아이템과 내가 운영하는 매장에서 판매되고 있는 제품이나 콘텐츠 등을 직접 홍보함으로 해서 돈을 벌 수 있습니다.

9. 지식을 토대로 강의와 강연을 통해서 돈을 벌 수 있습니다.

지식 콘텐츠를 만들어 내는 사람들이 많이 하고 있는 형태입니다.

10. 책을 출판하여 돈을 벌 수 있습니다.

유튜버 활동을 해서 어느 정도 인지도가 쌓이면 출판사에서 연락이 오는 경우가 있습니다. 출판 제의를 통해 인세를 받아서 돈을 벌 수도 있고 유튜브 홍보를 통해서 책 판매 수익을 더 많이 가져갈 수도 있습니다. 또한 정보 집이라는 소책자를 만들어서 판매 수익을 가져갈 수도 있습니다.

11. 컨설팅 상담 코칭을 통해서 돈을 벌 수 있습니다.

여러 분야의 전문직 종사자들이 자신이 아는 지식을 가지고 수입을 창출하는 것을 말합니다.

12. 2차 콘텐츠 판매를 통해서 돈을 벌 수 있습니다.

OSMU 영상 배포 수입을 말하기도 하는데 하나의 영상 소스를 만들어서 다양한 곳에 뿌려서 수입을 만들어 내는 개념입니다.
유튜브에 올린 영상을 [네이버 TV]에 올려서 수입을 창출할 수 있습니다. 유료 영상 사이트와 계약해서 수입을 창출하고 방송국이나 영화사와도 계약을 통해서 수입을 창출할 수 있습니다.

13. 크라우드 펀딩을 통해서 돈을 벌 수 있습니다.

프로젝트 기반 크라우드 펀딩은 일반적으로 자선기금 모금, 대규모 콘텐츠 실험, 도서 출판과 같은 특정 프로젝트를 시작하기 위해 사용합니다.

14. 소셜커머스 공동구매 형태를 통해서 돈을 벌 수 있습니다.

소셜커머스란 SNS 온라인 미디어를 활용한 전자상거래를 의미합니다. SNS를 통해 입소문을 내고 구매자들에게 특정 상품이나 서비스를 파격적인 할인가에 판매하는 방식입니다. 최근 소비자들은 제품 리뷰와 사용 경험을 중시하는데 이러한 트렌드에 맞춰 인스타그램과 페이스북도 쇼핑 서비스로 진화하고 있다는 것입니다. 동영상 플랫폼 유튜브도 콘텐츠에 제품 구매를 연동하는 '사이트 링크형' 서비스를 통해 쇼핑을 강화하고 있습니다. 동영상을 보다가 해당 상품 정보를 클릭하면 제품 상세 페이지로 넘어가 구매로 이어지게 한 것입니다.
예를 들어 입술에 루주를 바르는 동영상이 나올 때 화면 하단에 관련 상품 정보를 띄우고 이를 클릭하면 화장품 상세 페이지로 안내하는 방식입니다.

15. 기타 다양한 수입모델을 통해서 돈을 벌 수 있습니다.

인기 유튜버가 되면 TV CF 광고 등을 통해서 돈을 벌 수 있습니다. 유튜브 구독자가 많아질수록 더 많은 수입 모델이 창출 가능해질 것입니다.

memo

04강 유튜브 채널 개설 계획표 작성하기

유튜브 채널 개설 계획표

* 빈칸을 작성하여, 유튜브 채널 개설 계획표를 완성합니다.

유튜브 마케팅 목적		
마케팅 타겟		
홍보 키워드 (검색어)	대표 키워드	
	1차 세부 키워드	
벤치 마케팅 유튜브 채널	①	
	②	
유튜브 채널 컨셉		
유튜브 채널 이름		
유튜브 채널 컬러		
로고 구독 버튼 컬러		
유튜브 메인 해시태그		
유튜브 운영 정책		
콘텐츠 구성	메인 콘텐츠	콘텐츠 구성안

위 [유튜브 채널 개설 계획표]는 SNS소통연구소 블로그에서 다운받으실 수 있습니다. 네이버에서 [SNS소통연구소] 검색하시고 블로그 검색창에 [유튜브 채널 개설 계획표]라고 검색하셔서 다운로드받으실 수 있습니다.

◆ **유튜브 마케팅 목적**

유튜브를 하고자 하는 목적을 기재합니다. 돈을 벌고자 하는 것이 목적인지 자신의 취미나 관심사를 정리하는 것이 목적인지 정합니다. 목적이 정확한지 선택과 집중을 해서 유튜브 콘텐츠를 기획해야 성공하는 유튜버가 될 수 있습니다.

◆ **마케팅 타깃**

마케팅의 기본은 고객을 세분화하는 것입니다. 처음 유튜버 활동을 하는 사람들은 자신이 만든 콘텐츠가 남녀노소 누구에게나 통용된다고 생각하면서 영상을 제작하게 되는데 현실은 그렇지 않습니다. 자신이 만든 콘텐츠의 고객층을 구분해서 홍보할 필요가 있습니다. 예를 하나 들어보겠습니다.

2019년 3월경에 서울 미아리에 있는 모 생명보험회사에 스마트폰 활용 교육 미팅을 하던 중에 남자 지점장님으로부터 조금은 황당한 얘기를 듣게 되었습니다.

생명보험회사 지점에는 연령대가 50대 후반 60대 초반의 보험설계사분들이 많이 계시는데 유튜브에 있는 자료도 공유를 못 하시는 분들이 있다는 것이었습니다. 그때 당시 보험 설계사분들의 손에는 최신 스마트폰이 들려져 있었고 아이패드로 계약서 사인을 받고 있는 상황이었습니다. 휴대하는 기기들은 최고로 좋은 신제품을 사용하고 있지만 정작 스마트폰이나 패드 활용법에 대해서는 무지한 분들이 많았습니다.

그래서 사무실에 복귀하자마자 유튜브에 있는 영상을 공유하는 방법에 대해서 오캠으로 녹화를 해서 올렸는데 제목을 [60대 이상 스마트폰 사용자들은 꼭 보셔요]라고 했는데 조회 수가 24,307회나 나왔습니다. 이처럼 앞으로 자신의 콘텐츠 영상을 업로드할 때 고객을 세분화해서 올려야 보다 많은 조회 수를 올리는데 유리할 수 있습니다.

◆ **홍보 키워드(검색어) 만들기**

홍보 키워드는 한마디로 [고객의 언어]라고 말할 수 있습니다. [고객의 언어]를 찾아내는 것이 조회 수를 늘리는 방법 중에서 가장 중요합니다. 일단 자신의 영상 콘텐츠에 어울리는 대표 키워드를 먼저 정합니다. 그다음에 1차 세부 키워드를 나열해봅니다.

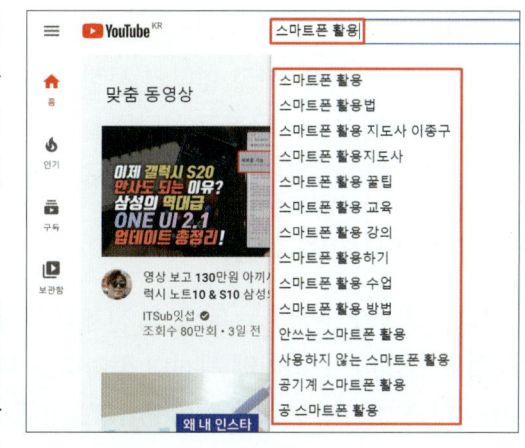

예를 들면 [스마트폰 활용]에 대해서 검색을 하고자 할 때 [검색창]에 입력을 하면 하단으로 관련된 키워드들이 보이는데 이것을 [1차 세부 키워드]라고 생각하면 됩니다. 대표 키워드와 1차 세부 키워드들 적절히 섞어서 제목과 본문 설명 및 태그란에 입력하면 자신이 업로드한 영상이 보다 많은 시청자들에게 노출될 확률이 높아집니다.

예를 들어 [남성 화장품]을 소개하는 영상이라고 한다면 유튜브에서 많이 검색되는 관련 키워드를 찾아보는 것이 우선이지만 네이버가 가장 많이 사용하는 검색 사이트이므로 네이버 검색창에 [남성 화장품]이라고 검색해 보면 하단으로 관련된 키워드들이 보이는데 네이버에서는 [연관 검색어]라고 하지만 이런 키워드들도 함께 섞어서 사용하면 시청자를 모으는 데 조금이라도 도움이 될 것입니다.

◆ 벤치마킹 유튜브 채널

자신이 유튜브 채널을 어떤 콘텐츠로 구성해서 찾아갈지가 결정이 되었다면 유사한 콘텐츠를 취급하는 유튜브 채널을 2-3개 정도 찾아내어 분석을 해보고 자신에게 맞는 채널 운영방법을 찾아내도록 합니다.

◆ 유튜브 채널 컨셉

컨셉이란 정말 중요한 것입니다. 컨셉은 해당 채널의 색깔을 보여주는 것이며 구독자로 하여금 당신의 니즈를 채워줄 것이라는 기대감을 심어줌으로써 구독을 불러일으킵니다. 유튜브 채널을 운영하면서 자신만의 컨셉을 잡기 위해서는 선택과 집중이 필요합니다. 남이 한다고 따라 하거나 조회 수를 올리기 위해 이슈만을 따라잡는다면 자신만의 컨셉이 불분명해져서 오히려 시청자들이 채널을 떠나게 되는 경우가 많을 것입니다. 자신만의 콘텐츠를 생산해 내는 데 선택과 집중이 필요한 것입니다. 자신의 유튜브 채널이 스마트폰 및 SNS 마케팅 관련된 콘텐츠를 취급하고 있는데 갑자기 여행이나 먹방 콘텐츠가 수시로 올라온다면 누가 봐도 이런 채널은 구독자가 많이 생겨나지 않을 것입니다. 자신만의 컨셉이 잡힌다면 고객과 소통하고 유튜버로서 수익을 창출하는 데도 많은 도움이 될 것입니다.

◆ 유튜브 채널 이름

채널 이름은 오프라인의 상점 간판과 같다고 보면 됩니다. 초보 유튜버들의 경우 자신만의 브랜드를 만들어서 채널명으로 사용하는 경우가 많은데 시청자들이 채널명을 보았을 때 어떤 콘텐츠로 운영되는 채널인지를 쉽게 인식할 수 있도록 채널명을 만드는 게 좋습니다. 예를 들어 여행 채널을 운영한다고 가정했을 때 채널명이 [스마트 라이프]라고 한다면 시청자들은 일반 생활 콘텐츠 블로그라고 생각할 수 있기에 굳이 [스마트 라이프] 채널명을 사용하고 싶다면 [스마트 라이프(여행전문)]라고 자신이 사용하고 싶은 채널명 뒤에 다른 사람들이 봤을 때 [여행 전문]이구나라고 느낄 수 있도록 부연 설명 해주는 키워드를 넣어주면 좋습니다.

◆ 유튜브 채널 컬러

유튜브 채널을 운영하는 데 있어 전체적인 컬러는 시청자들에게 자신의 채널 브랜드를 각인시키는 중요한 역할을 합니다. 그러기에 자신이 좋아하는 색깔을 추구하기보다는 전체적인 채널 컨셉에 맞는 색을 지정하거나 미국의 색채 연구소 팬톤(PANTON)에서 매년 발표하는 '올해의 컬러'를 참고해서 정해도 좋을 것입니다. 2022년 올해의 컬러는 '베리 페리'인데 팬톤사는 트렌드 컬러를 선정하기 위해 색채 전문가들이 세계 각국의 문화를 살피고 산업, 예술, 패션, 디자인, 여행뿐만 아니라 라이프 스타일까지 분석하여 선정한다고 합니다. 참고로 베리 페리는 용감하고 즐거운 태도와 역동적인 존재감을 보여주며 용기 있는 창의력과 상상력을 북돋아 준다고 합니다.

◆ 로고, 구독 버튼 컬러

로고, 구독 버튼 컬러도 [유튜브 채널 컬러]를 참고해서 만드는데 시청자들이 컬러만 보고도 '아, OO 채널 이구나' 할 정도로 자신만의 브랜드 컬러를 만들어가면 좋겠습니다.

◆ 유튜브 메인 해시태그

기본적으로 자신의 채널 컨셉이 정해지고 메인 콘텐츠가 구성이 되고 나면 그것에 공통적으로 사용되는 해시태그도 정할 필요가 있습니다. 유튜브 알고리즘은 자주 거론되는 키워드들과 영상의 컨셉이 맞으면 더 많은 사람들에게 해당 채널의 영상들을 추천해 주기 때문입니다.

◆ 유튜브 운영 정책

유튜브에 영상을 업로드하는 것이 쉽지만은 않을 것입니다. 특히 자신이 일을 하면서 유튜버를 사이드 잡으로 하는 경우에는 더욱 자주 영상을 업로드하는 게 쉽지만은 않습니다.

그래서 나는 언제, 몇 시에, 얼마나 시간을 투자해서 영상을 만들고 편집할지에 대해서 계획을 세워놓고 하는 것이 좋습니다. 또한, 영상을 올리는 시간도 일정하게 하는 것이 좋습니다. 요즘은 유튜브 업로드 시간도 예약을 할 수 있으니 충분히 가능한 일입니다.

◆ 콘텐츠 구성

콘텐츠 구성은 [메인 콘텐츠]와 [콘텐츠 구성안]으로 작성해 볼 수 있습니다. 예를 들어 [메인 콘텐츠]는 스마트폰 활용, SNS 마케팅, 오피스 활용, 컴퓨터 활용이라고 가정한다면 [스마트폰 활용]이 [메인 콘텐츠]가 되고 [콘텐츠 구성안]은 [스마트폰 활용]을 세분화해서 만들면 됩니다. 만약에 세분화한다면 [스마트폰 활용] 안에는 스마트폰 설정, 카카오톡 활용, 스마트폰 카메라, 이미지 보정, 이미지 편집, 동영상 편집, 스마트워크, 여행 앱, 번역 앱, 학습 앱 등 다양한 [콘텐츠 구성안]이 나올 수 있는 것입니다.

[유튜브 채널 개설 계획표]는 집을 지을 때 설계도와 같다고 보시면 됩니다.

설계도가 없이 집을 짓는다면 어떻게 될까요? 어떻게든 집을 지을 수는 있겠지만 비용과 시간이 엄청나게 소모될 것입니다.

마찬가지로 자신을 홍보하고 돈이 되는 유튜버가 되고 싶다면 [유튜브 채널 개설 계획표]를 먼저 꼼꼼히 제대로 기획해서 작성해보는 것이 일의 효율성과 효과성을 극대화할 수 있을 것입니다.

memo

05강 스마트폰 하나면 나도 1인 유튜버다! - 스마트폰 유튜브 앱 활용

◻ 유튜브 채널

 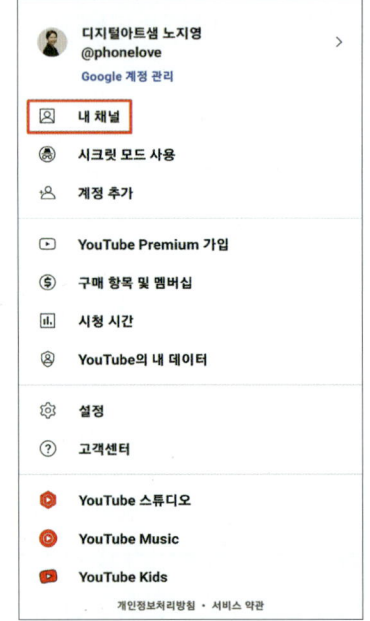 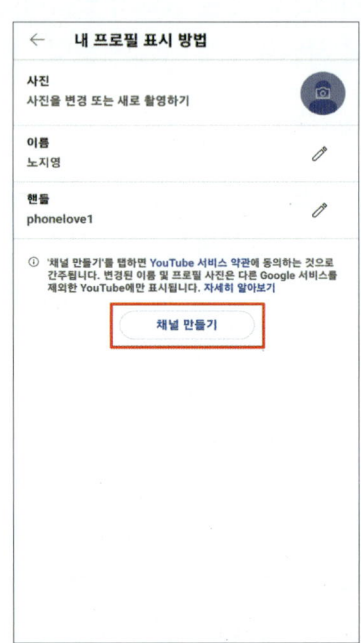

❶ 유튜브 우측 상단 [내 계정 아이콘]을 터치합니다. ❷ [내 채널]을 터치합니다. ❸ 동영상을 업로드하려면 채널 만들기를 해야 합니다. [채널 만들기]를 터치하여 채널을 개설합니다.

◻ 내 채널, 시크릿 모드 사용

 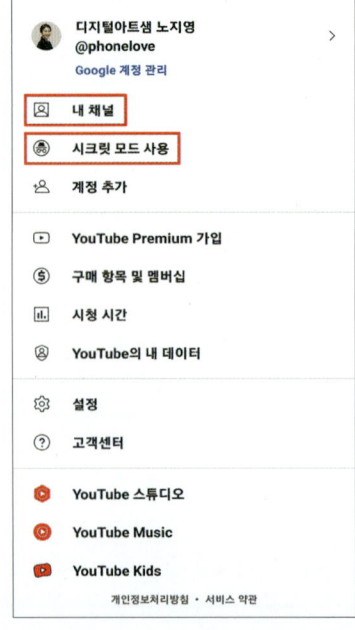 

❶ [유튜브] 앱에서 우측 상단에 [내 계정]을 터치합니다. ❷ [내 채널]을 터치합니다. 꾸미지 않은 내 채널이 나옵니다. ❸ [계정 이름]으로 디지털아트샘 노지영 채널명이 보입니다.

 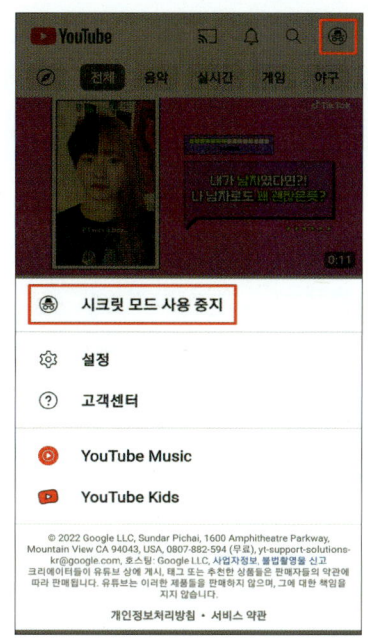 

유튜브 홈 화면에서 내 계정 아이콘을 터치하여 진행합니다. ❶ 우측 상단에 [시크릿 모드 사용]을 터치하면 내 계정이 비활성화되면서 유튜브가 추천하는 영상이 보입니다. ❷ 시크릿 모드를 중지하려면 우측 상단에 [시크릿 모드]를 터치 후에 [시크릿 모드 사용 중지]를 터치해야 합니다. ❸ 하단에 계정이 복구된 것을 확인할 수 있습니다.

◾ 시청 시간

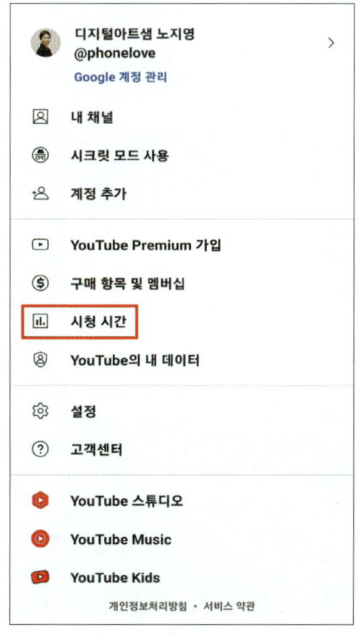  

❶ [시청 시간]을 터치합니다. ❷ 평균 [시청 시간]을 알 수 있습니다. [시청 중단 시간 알림]과 [취침 시간 알림]을 활성화할 수 있습니다. ❸ [설정]을 터치합니다.

◉ 설정 메뉴
- 일반

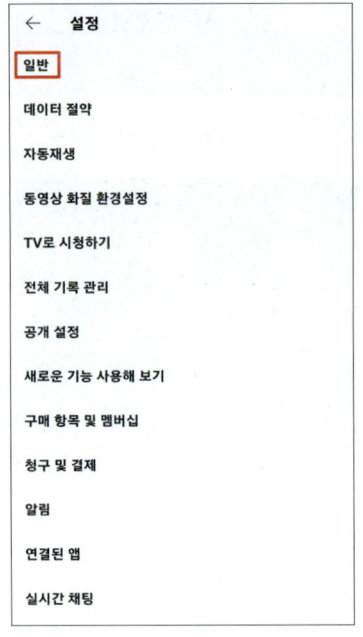 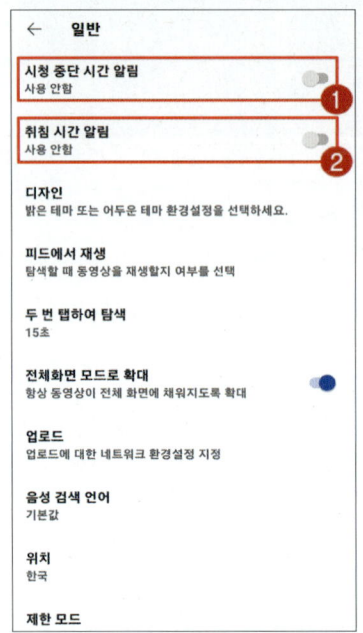 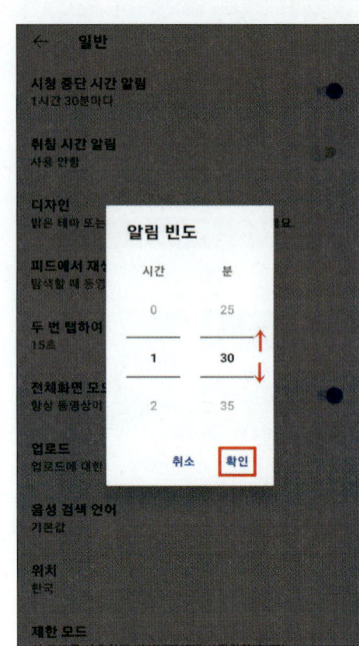

1 [설정]에서 [일반]을 터치합니다.
2 ① [시청 중단 시간 알림]을 설정할 수 있습니다. ② [취침 시간 알림]을 설정할 수 있습니다.
3 [시청 중단 알림 빈도]를 위, 아래로 스크롤 하여 시간을 설정한 후 [확인]을 터치합니다.

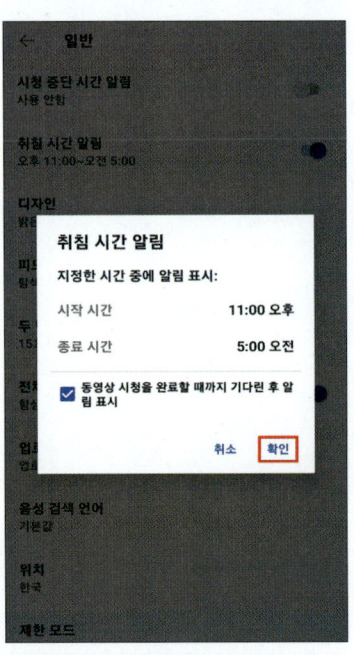 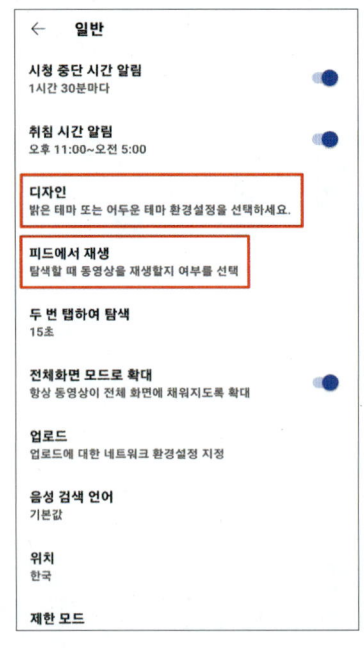 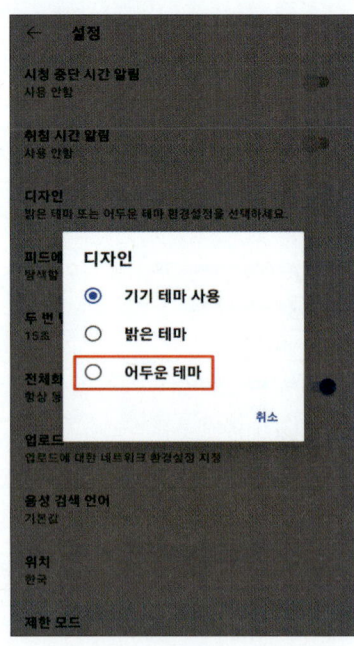

1 [취침 시간 알림]을 설정하고 [확인]을 터치합니다.
2 [디자인], [피드에서 재생]을 설정할 수 있습니다.
3 [디자인]에서 어두운 테마를 선택합니다.

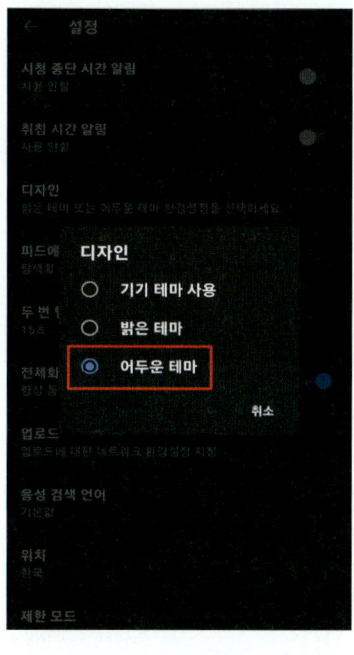 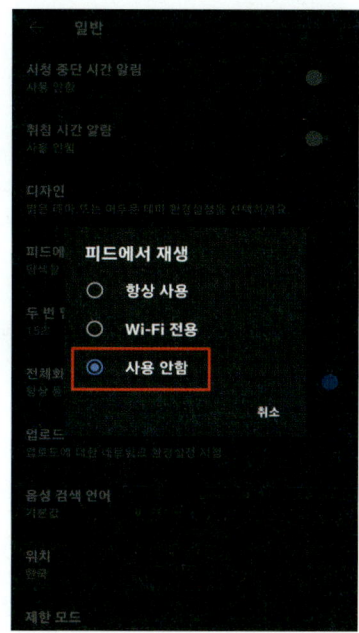 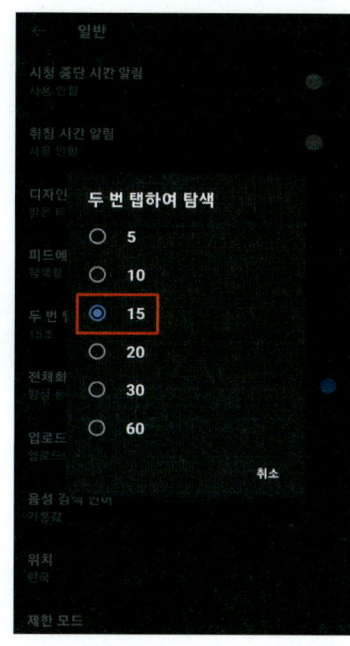

1️⃣ [어두운 테마] 사용은 스마트폰 화면의 빛 반사를 감소시켜 눈에 피로를 줄여줍니다.
2️⃣ [피드에서 재생]을 사용하면 영상을 탐색할 때 미리 영상을 볼 수 있습니다.
3️⃣ [두 번 탭하여 탐색] 시간이 초 단위로 보입니다. 15초를 터치합니다.

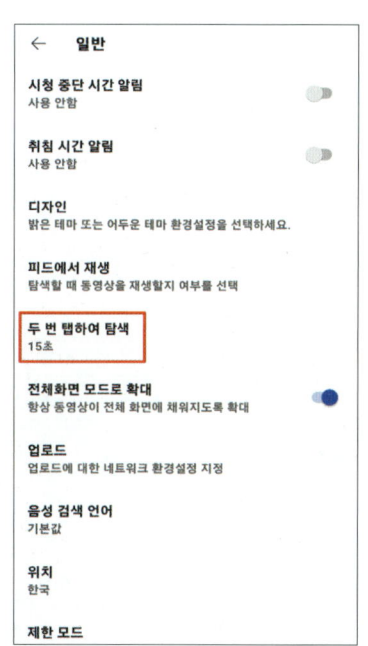  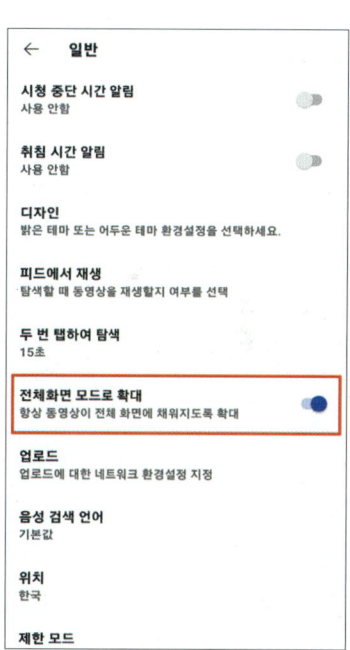

1️⃣ [두 번 탭하여 탐색] 시간이 15초로 설정됨을 확인합니다.
2️⃣ 시청 영상의 오른쪽으로 두 번 탭하거나 왼쪽으로 두 번씩 탭을 하면 15초 단위로 영상을 이동할 수 있습니다. 3️⃣ [전체화면 모드로 확대] 영상을 가로로 돌려 확대하여 볼 때 전체화면 모드로 시청할 수 있습니다.

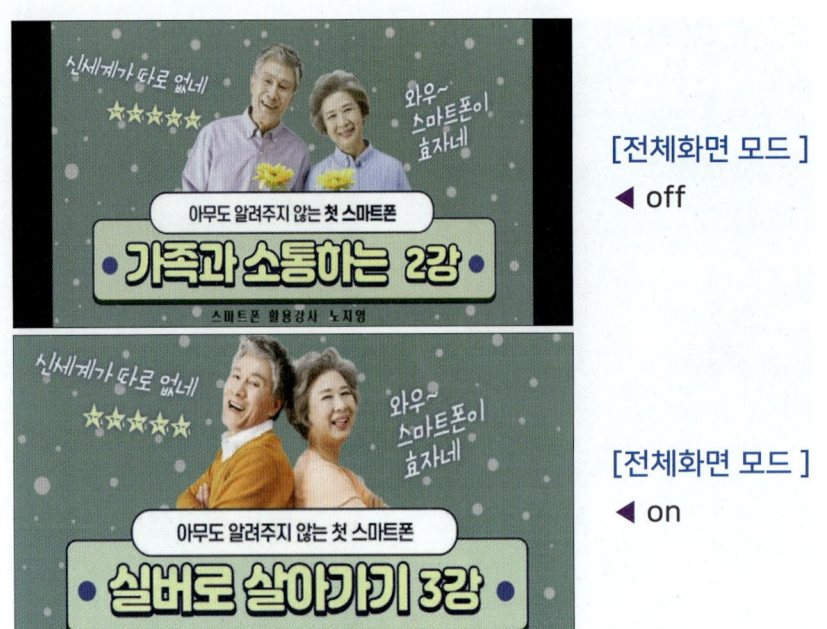

[전체화면 모드]
◀ off

[전체화면 모드]
◀ on

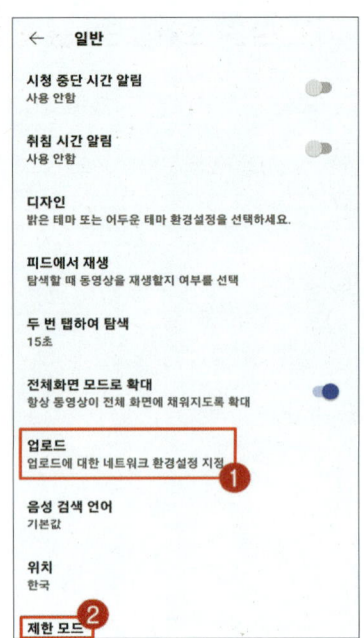

① [전체화면 모드로 확대] 비활성화 & 활성화 영상 화면입니다.

② ① [업로드]를 터치하여 [Wi-Fi에 연결되었을 때]로 설정해 놓습니다. ② [제한 모드]를 사용하면 미성년자에게 부적합할 수 있는 동영상을 숨길 수 있습니다. (단, 필터링이 완벽할 수 없다는 점에 유의하세요)

- 데이터 절약

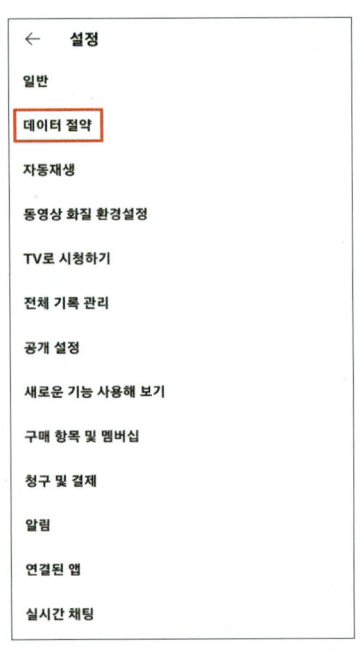 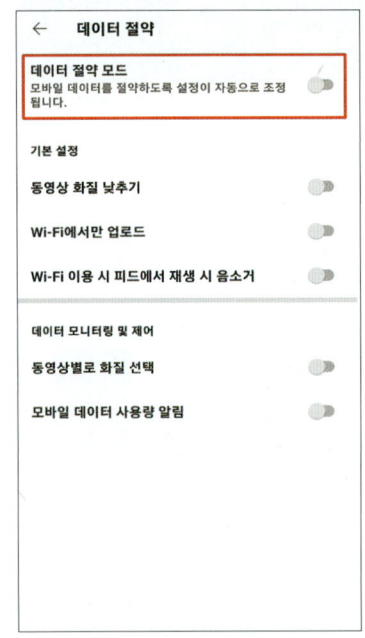 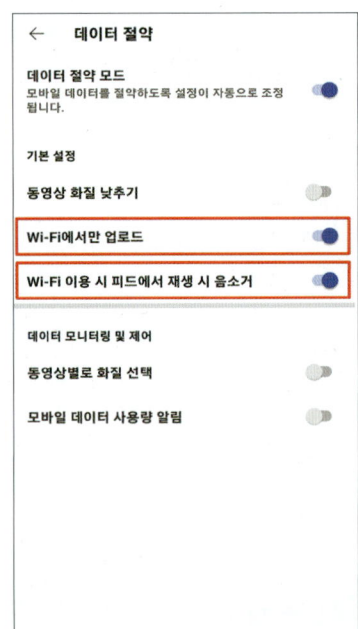

① 설정에서 [데이터 절약]을 터치합니다.
② [데이터 절약 모드]를 활성화할 수 있습니다.
③ [Wi-Fi에서만 업로드], [피드에서 재생 시 음소거]를 터치하여 활성화할 수 있습니다.

- 동영상 화질 환경설정, TV로 시청하기

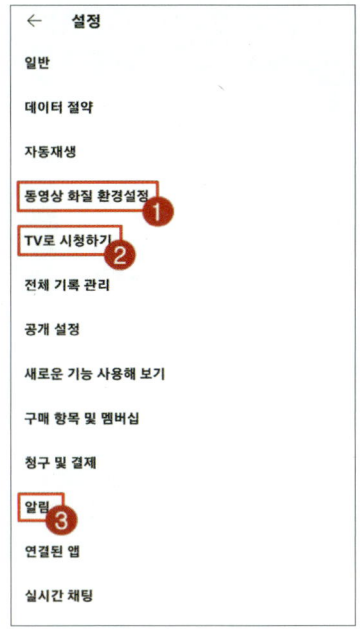  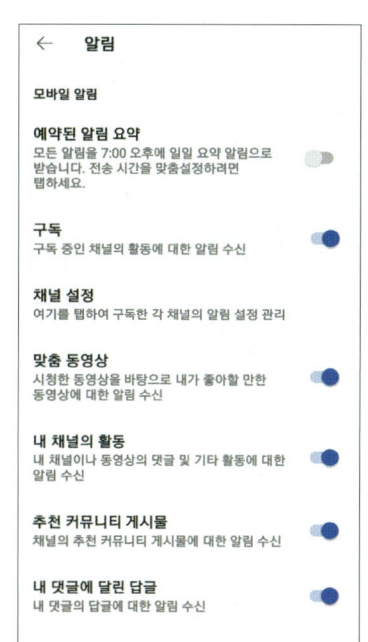

1 ① 설정에서 [동영상 화질 환경설정]을 터치합니다. ② [TV로 시청하기]를 터치하면 스마트폰을 TV와 연결하여 TV 화면으로 크게 시청할 수 있습니다.
2 동영상 화질을 [자동(권장)]으로 설정하면 조건에 맞는 최적의 환경으로 제공하도록 조정합니다.
3 ③ 시청자 상황에 따라 알림을 설정합니다.

- 시청 기록 지우기, 시청 기록 일시중지

  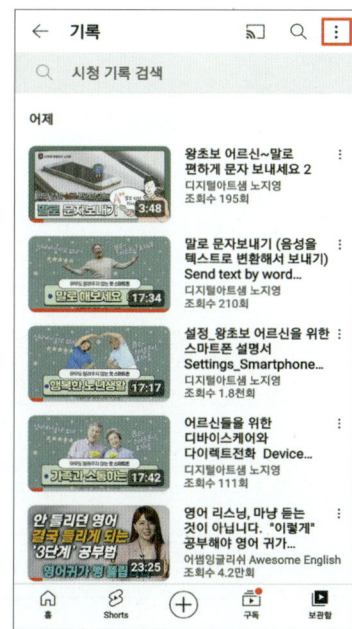

1 [보관함]을 터치합니다. **2** [기록]을 터치합니다. **3** [점 3개]를 터치합니다.

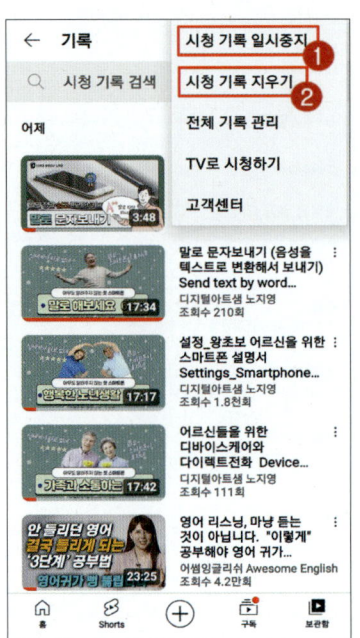 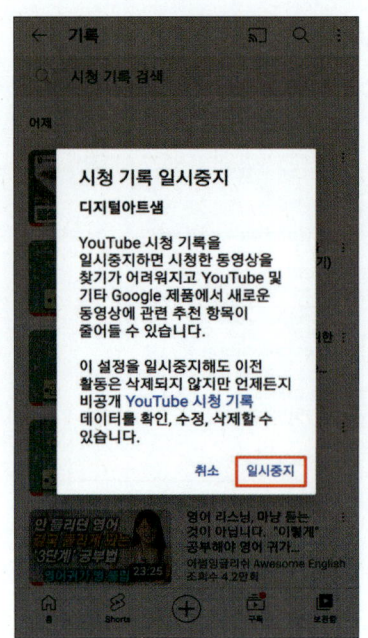 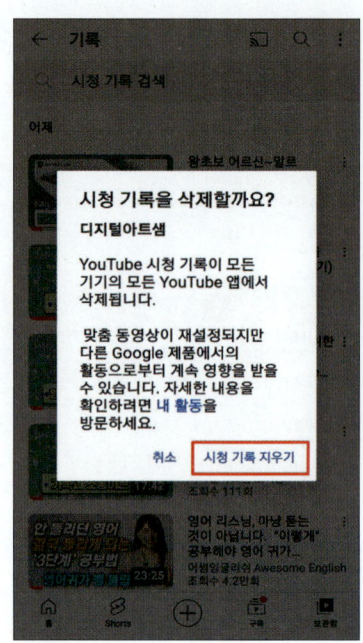

1️⃣ ① 기록에서 [시청 기록 일시중지]를 터치하면 시청 기록을 일시중지할 수 있습니다. ② [시청 기록 지우기]를 터치하면 사용 계정의 시청 기록을 지울 수 있습니다.

2️⃣ [시청 기록 일시중지]를 터치하면 시청 기록이 일시중지됩니다.

3️⃣ [시청 기록 지우기]를 터치하여 시청 기록을 지웁니다.

06강 스마트폰 하나면 나도 1인 유튜버다!
- 스마트폰 유튜브 하단 메뉴 살펴보기

■ 설정(영상 재생 중)
- 화질

  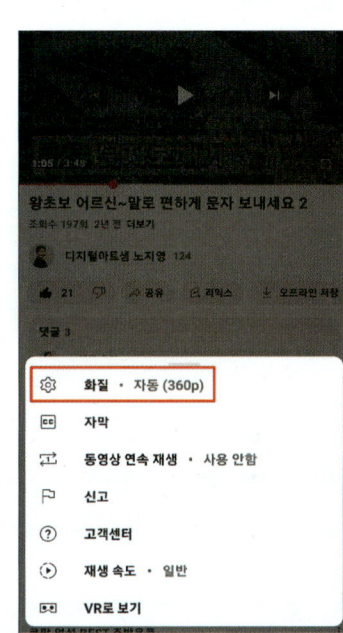

① 유튜브에서 동영상을 실행합니다. ② 유튜브 영상 우측 상단에 [설정(톱니바퀴 모양)]을 터치합니다.
③ [화질]을 터치합니다.

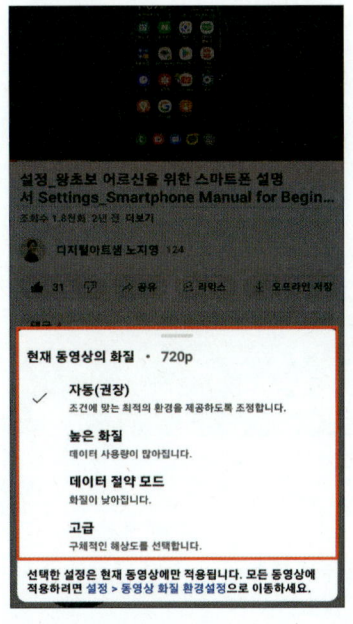 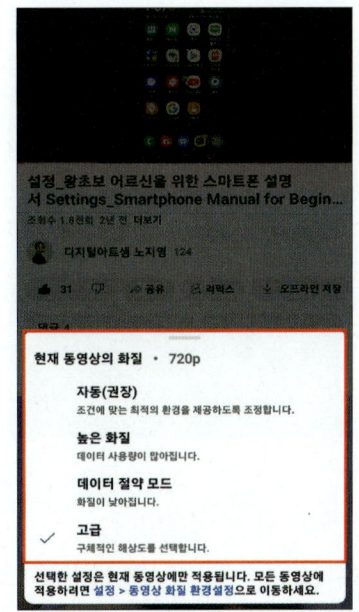 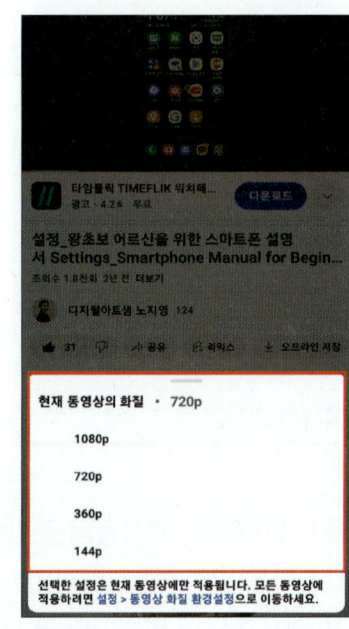

① [자동(권장)]은 조건에 맞는 최적의 환경을 제공하도록 변경합니다. ② [높은 화질] 더 많은 데이터를 사용하므로 동영상 시작속도가 낮아지거나 버퍼링 횟수가 늘어날 수 있습니다. [데이터 절약모드] 화질은 낮지만 동영상 시작속도가 더 높아질 수 있습니다. ③ [고급] 화질 해상도를 직접 설정할 수 있습니다.

- 자막

 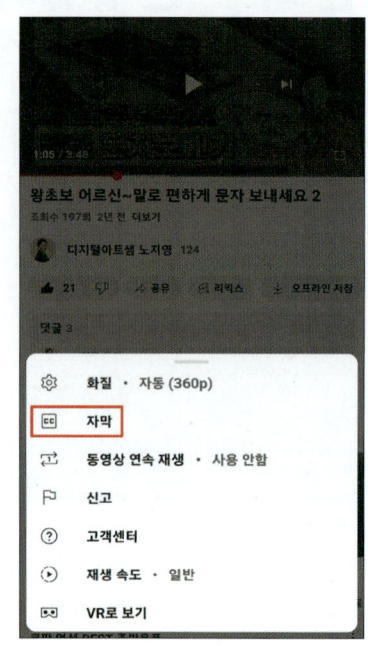 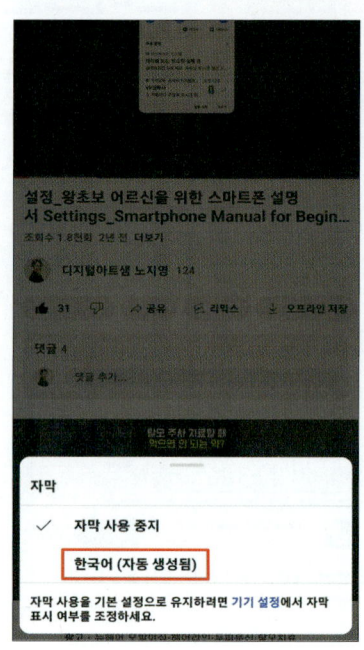

1 재생 중인 동영상 화면 우측 상단 [설정(톱니바퀴 모양)]을 터치합니다.
2 [자막]을 터치합니다.
3 [한국어(자동 생성됨)]를 터치하면 영상에 한글 자막이 보입니다.

 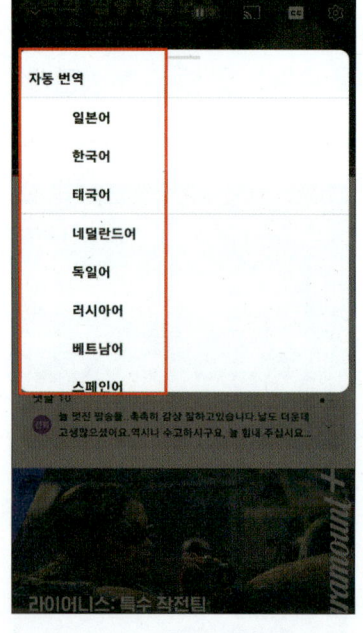 

1 [영어(자동 생성됨)]를 터치합니다. 영어로 번역됩니다.
2 [자동 번역]을 터치하면 여러 나라의 언어로 번역되는 자막을 선택할 수 있습니다.
3 영상 하단에 번역되어 표시됩니다.

- 동영상 연속 재생, 신고

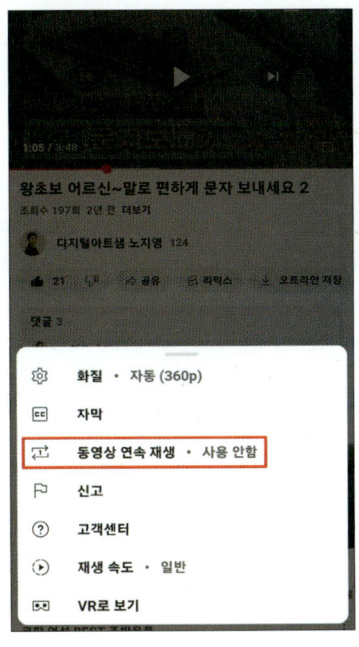 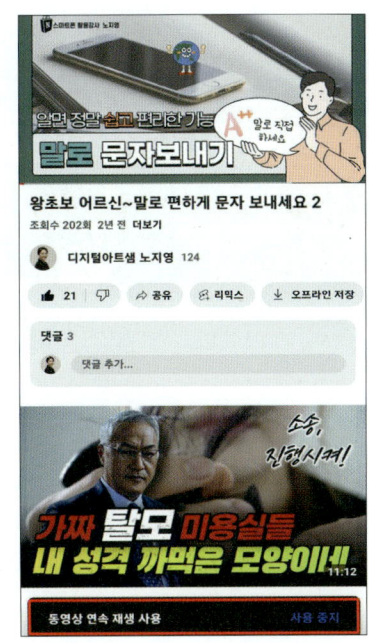 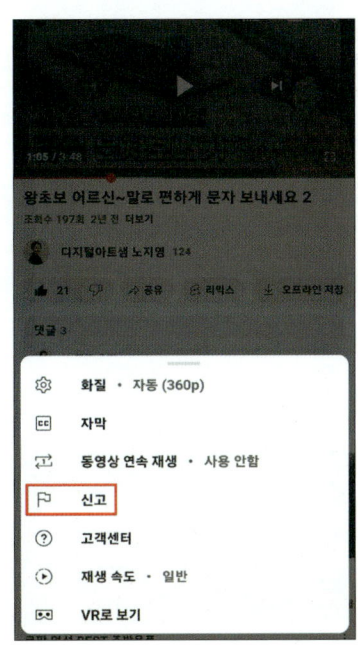

1️⃣ [동영상 연속 재생]을 터치하면 시청 중인 동영상이 종료되어도 연속으로 다른 동영상이 자동 재생됩니다. 2️⃣ 동영상이 연속 재생되고 있음을 표시합니다. 3️⃣ [신고]는 유튜브에서 부적절한 콘텐츠를 신고할 수 있습니다.

- 고객센터, 재생 속도

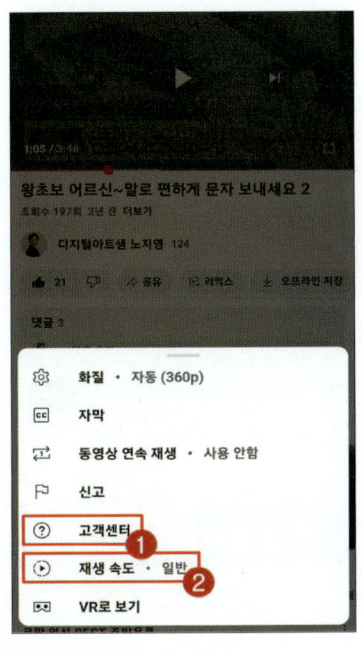 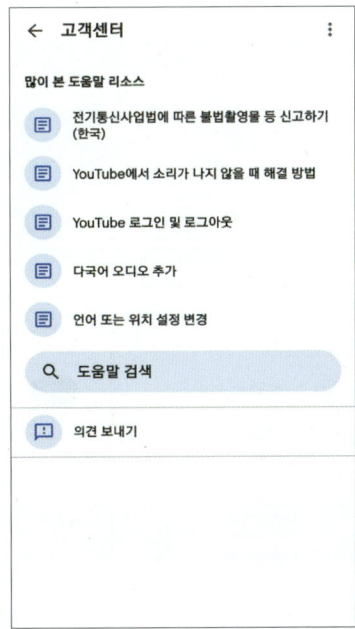 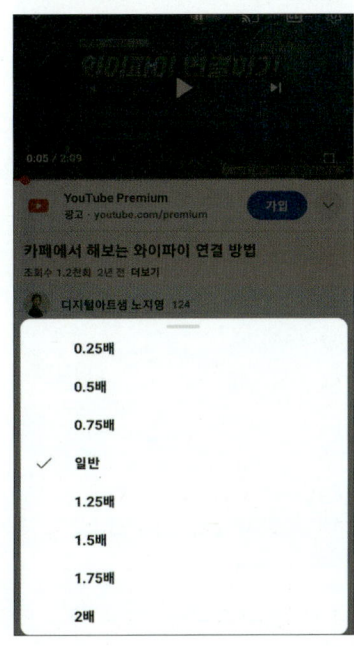

1️⃣ ① [고객센터]를 터치합니다. ② [재생 속도]를 터치합니다. 2️⃣ 환불요청, 유튜브 크리에이터 지원팀에게 문의, 유튜브 사용자용 도움말, 의견 보내기 등을 할 수 있습니다. 3️⃣ 시청 중인 동영상의 재생 속도를 빠르게 또는 느리게 설정할 수 있습니다.

전체화면 확대

1️⃣ 유튜브 영상을 실행합니다. 손가락으로 영상화면 위로 드래그하면 [전체화면]이 가로로 전환되며 화면이 확대됩니다. 2️⃣ 영상을 시청한 후 터치하여 아래로 드래그하면 다시 원래 화면으로 축소되며 바뀝니다. 영상이 재생 중에도 최대 8배까지 확대해서 볼 수 있습니다.

※ 전체화면 모드가 작동되지 않을 경우

  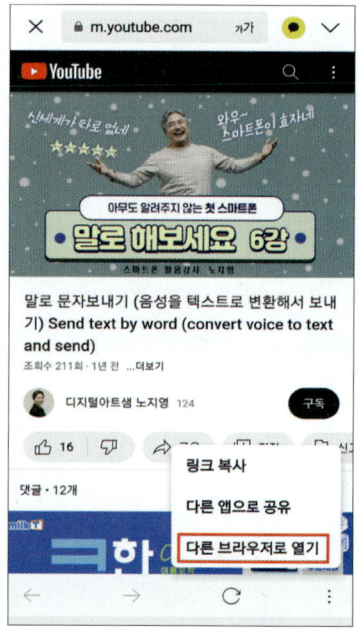

1️⃣ 카카오톡으로 [유튜브 URL 링크]를 공유받은 경우에 활용할 수 있습니다.
2️⃣ 유튜브 하단에 [점 3개]를 터치합니다. 3️⃣ [다른 브라우저로 열기]를 터치합니다. 영상 재생 시 화면 확대 기능이 실행됩니다.

◼ 정밀 탐색 기능

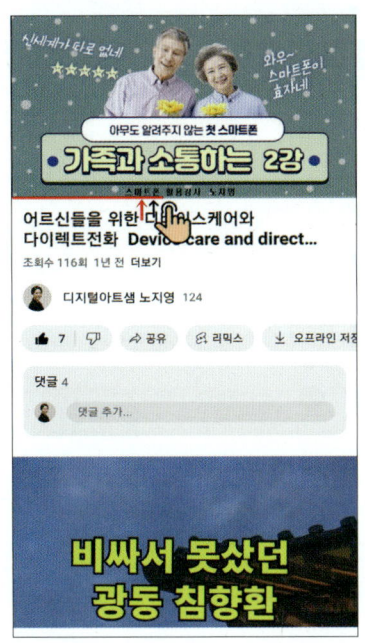  

1️⃣ [정밀 탐색]은 영상 화면에 재생바를 터치하여 위로 드래그합니다.
2️⃣ 위로 드래그한 후에 좌, 우로 드래그하면 초 단위로 영상을 볼 수 있습니다.
3️⃣ [정밀 탐색] 화면을 좀 더 세밀하게 보려면 재생바 위를 2초간 지그시 누른 후에 좌, 우로 드래그하면서 정밀한 정지화면을 자세히 볼 수 있습니다. (가로, 세로 모드 가능)

07강 스마트폰 하나면 나도 1인 유튜버다!
– 유튜브 영상 재생화면에서 메뉴 활용하기

■ 🏠 (홈)

 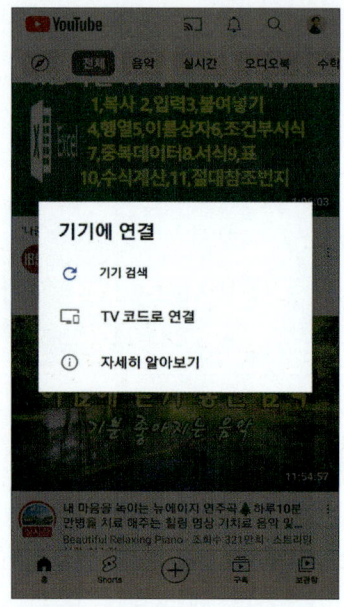 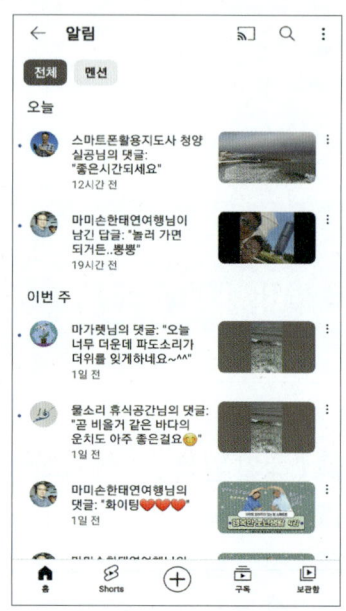

1 ① [홈]을 터치합니다. **2** ② [다른 기기에 연결]은 TV나 주변 다른 기기에 연결하여 시청할 수 있습니다. **3** ③ [알림] 유튜브에 내가 남긴 댓글, 동영상 업로드, 내 채널의 활동 등 모든 활동에 대해 알려줍니다.

■ ⚡ (Shorts)

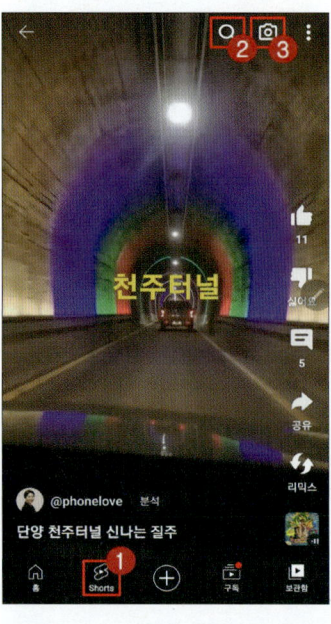  

1 ① [shorts]를 터치합니다. 유튜버들이 업로드한 shorts 영상을 볼 수 있습니다. ② 내가 원하는 키워드를 검색하여 찾을 수 있습니다. ③ 유튜브에서 shorts 영상을 제작할 수 있습니다. (만들기에서 설명) **2** [리믹스]를 터치합니다. **3** [리믹스]는 타인이 제작한 영상과 음악을 자신의 shorts(숏츠) 영상에 리믹스하는 기능입니다.

▣ ⊕ (만들기)
- Shorts 동영상 만들기(세로형 짧은 영상 - 최대 1분)

▶ 유튜브 Short (숏츠)에 대한 기본 정보

화면 비율 : 3:4 또는 9:16의 세로 비율로 지정할 수 있습니다.
재생 시간 : 15초 또는 최대 60초 미만인 영상이 재생됩니다.
장점 : Shorts(숏츠) 영상의 경우 일반 영상과 달리 자동으로 반복 재생이기 때문에 기존 유튜브 영상보다는 노출이 잘되어 조회 수를 올릴 수 있습니다.

▶ 유튜브 숏츠(YouTube Shorts) 만드는 3가지 방법

1. 촬영과 편집과 업로드를 유튜브(YouTube)에서 합니다.
2. 촬영은 다른 앱으로 하고 편집과 업로드를 유튜브(YouTube)에서 합니다.
3. 촬영과 편집은 다른 앱에서 하고 업로드만 유튜브(YouTube)에서 합니다.

 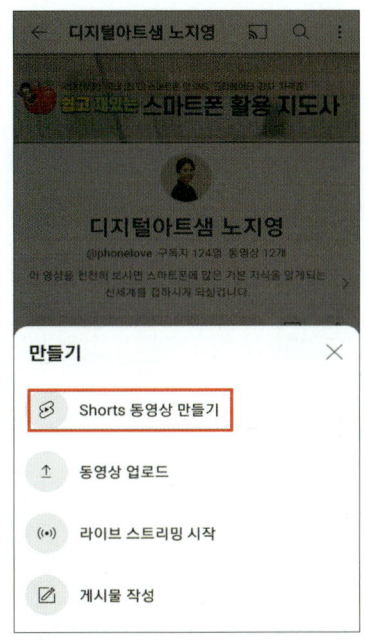 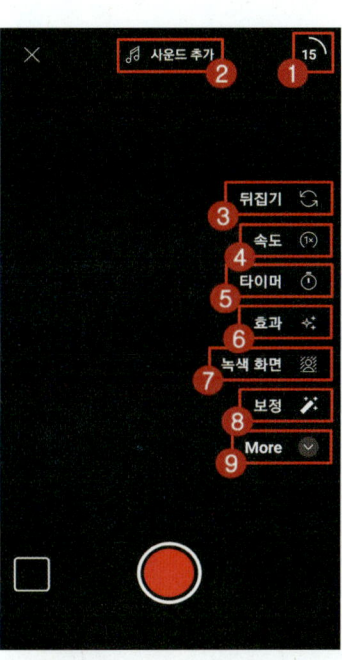

❶ 하단에 [더하기 버튼]을 터치합니다. ❷ [shorts 동영상 만들기]를 터치합니다.
❸ ① 영상 길이는 15초 또는 60초 중에 선택하여 터치합니다. ② [사운드 추가]는 댄스 촬영이나 그 외 사운드가 먼저 필요할 때 터치하고 촬영하면 좋습니다. ③ [뒤집기]는 전면, 후면 카메라입니다. ④ [속도]는 배속을 빠르게 녹화를 하면 영상 재생이 빠르게 됩니다. ⑤ [타이머] 기능입니다. ⑥ [효과]는 여러 가지 그림 효과를 만들어 줍니다. ⑦ [녹색 화면(크로마키)]을 터치하면 뒷배경을 다른 배경으로 대체 가능입니다. ⑧ [보정]을 합니다. ⑨ [more]를 터치합니다.

1 ⑩ [필터] 다양한 필터 기능을 선택할 수 있습니다. ⑪ [조명] 기능입니다. ⑫ [플래시] ON/OFF 하는 입니다. 이 기능들을 활용하여 shorts(숏츠)를 만들 수 있습니다. **2** ① 버튼을 터치하면 촬영이 시작됩니다. ② 체크를 터치합니다.

1 사운드, 텍스트 입력, 음성입력, 타임라인, 필터 등을 선택한 후 우측상단에 [다음]을 터치합니다.
2 ① [세부정보 추가] 동영상 제목, 설명 추가 ② 공개 상태(공개, 일부 공개, 비공개) 시청자층을 선택합니다. ③ 타인이 내 영상과 음악을 사용할 수 있도록 shorts(숏츠) 영상에 리믹스하는 기능입니다. ④ [shorts 동영상 업로드]를 터치합니다. **3** shorts(숏츠)로 만든 내 동영상이 업로드 중입니다.

– 동영상 만들기

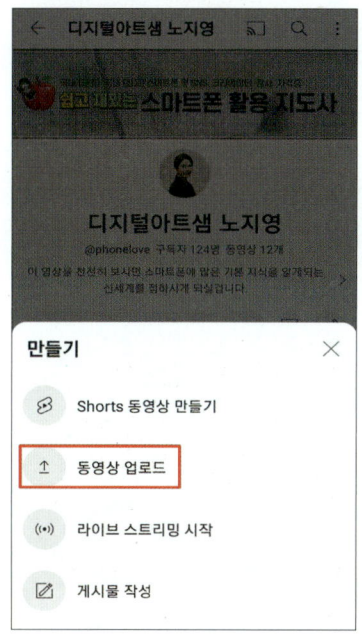  

1️⃣ [동영상 업로드]를 터치합니다. 2️⃣ [갤러리]에서 영상을 선택합니다. 3️⃣ [다음]을 터치합니다.

  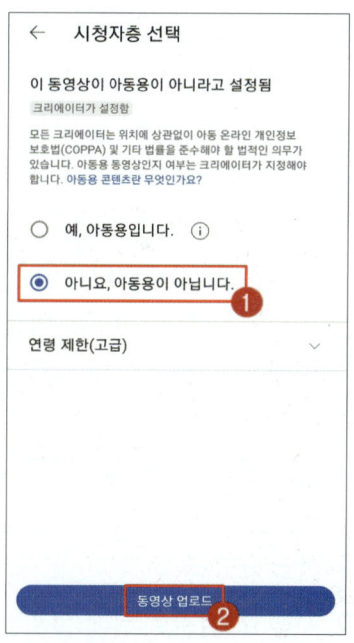

1️⃣ [세부정보 추가] 동영상 제목, 설명 추가, 공개 상태(공개, 일부 공개, 비공개) 중에 하나를 선택합니다.
2️⃣ [위치]를 터치하면 지정이 됩니다. 3️⃣ [시청자층 선택]을 완료하면 [동영상 업로드]를 터치하여 업로드합니다.

– 라이브 스트리밍 시작

1 유튜브 라이브 스트리밍은 일반적으로 유튜브에서 방송하는 것을 의미합니다. [더하기 버튼]을 터치합니다. **2** [라이브 스트리밍 시작]을 터치합니다.
3 ① [공개 상태], ② [시청자층 선택]을 체크하여 [아니오, 아동용이 아닙니다.]를 터치합니다.

▶ [시청자층 선택]을 체크해야 하는 이유(필수)
유튜브에서 아동용 콘텐츠를 제작하는 경우 2020년 1월부터 지정하지 않으면 아동 온라인 개인정보 보호법(COPPA)에 따라 처벌을 받을 수 있습니다.
동영상 업로드할 때, 아동용 동영상인지를 크리에이터가 직접 지정해야 합니다. 신규 동영상은 물론 기존 동영상도 지정해야 합니다. 아동용 콘텐츠를 제작하지 않는 크리에이터도 시청자층을 지정해야 유튜브에서 내 콘텐츠에 적절한 기능을 제공받을 수 있습니다.

≪실시간 스트리밍 사용 설정과 요구사항≫

휴대기기에서 실시간 스트리밍을 하려면 다음 요건을 충족해야 합니다.
1. 구독자가 50명 이상이어야 합니다.
2. 지난 90일간 채널에 실시간 스트리밍을 제한받은 적이 없어야 합니다.
3. 채널을 인증해야 합니다.
4. 운영체제가 Android 5.0 이상인 기기를 사용해야 합니다.

 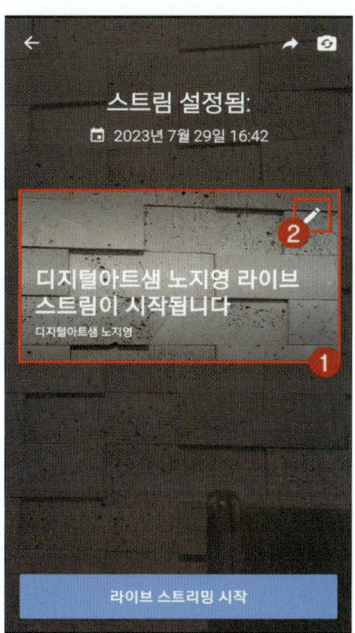 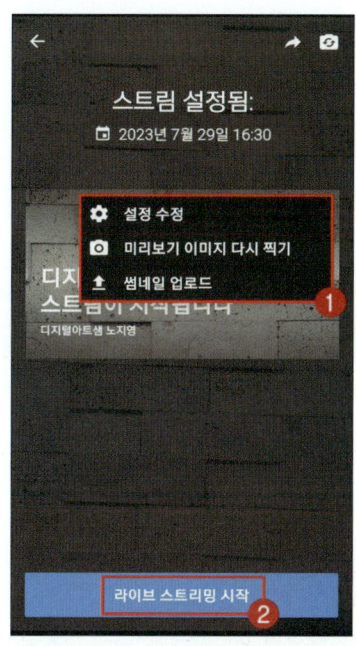

1 ① 설명 추가, 위치, 고급 설정을 지정합니다. ② [다음]을 터치합니다. **2** ① 라이브 스트리밍을 할 때 썸네일(미리보기) 이미지가 촬영됩니다. ② [수정]을 터치합니다. **3** ① 설정 수정, 미리보기 이미지 다시 찍기, 썸네일 업로드(갤러리에서 선택)할 수 있습니다. ③ [라이브 스트리밍 시작] 터치하면 실시간 방송을 시작합니다.

1 라이브 스트리밍 중 URL을 공유해서 방송 청취 및 참여(댓글)가 가능합니다.
2 라이브 스트리밍을 종료하면 비공개 영상으로 자동 저장됩니다. [완료]를 터치합니다.
3 [라이브 스트리밍] 저장을 확인할 수 있습니다.

▣ 🔔 (구독)

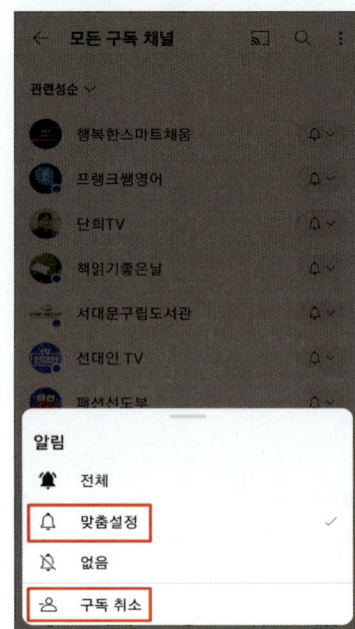

1️⃣ [구독] 구독하고 있는 채널 화면이 보입니다. [전체]를 터치합니다.

2️⃣ ① [모든 구독 채널]이 보입니다. ② 구독 알림을 설정할 수 있습니다.

3️⃣ [맞춤설정]으로 구독 알림을 받을 수 있습니다. [구독 취소]를 할 수 있습니다.

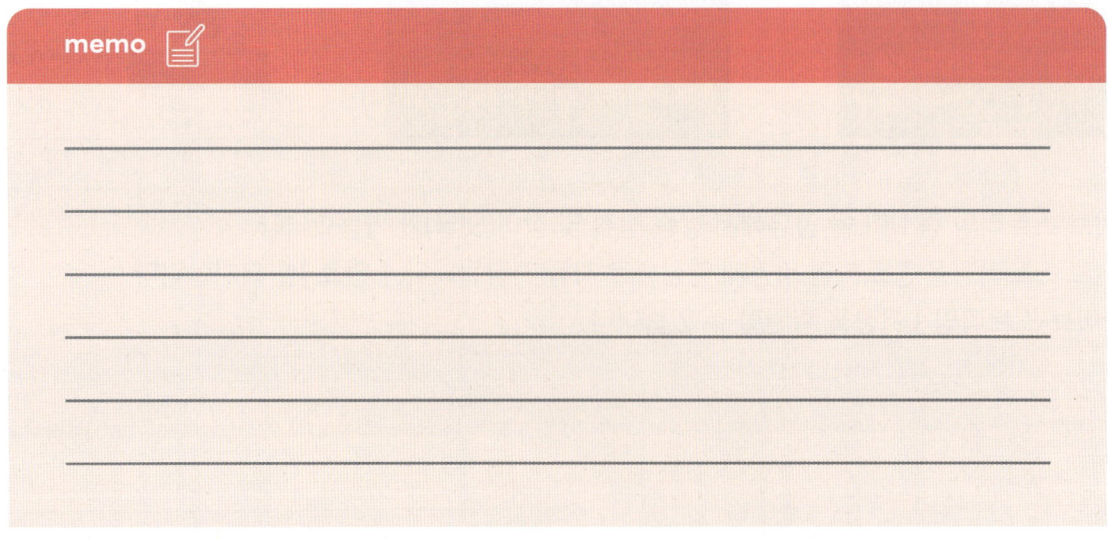

▣ ▶ (보관함)
- 기록

① [보관함]을 터치합니다. ② [기록] 시청한 기록을 볼 수 있습니다. [모두 보기]를 터치하면 시청한 전체 목록을 한눈에 확인할 수 있습니다. ③ [시청 기록 검색]을 터치하면 내가 키워드로 검색한 시청 기록을 찾을 수 있습니다.

- 재생목록

 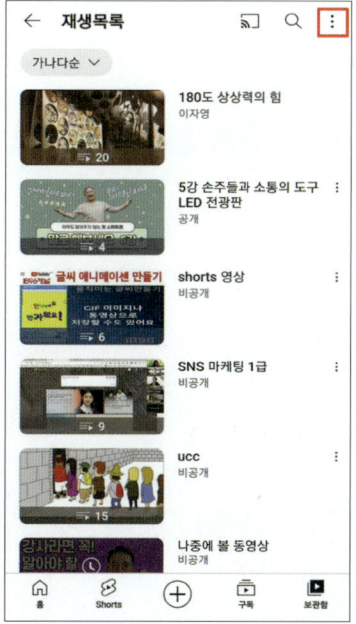 

① [재생목록]을 터치합니다. 유튜브에서 같은 주제끼리 모아 볼 수 있게 목록을 만들면 편리합니다.
② [점 3개]를 터치합니다. ③ [새 재생목록 만들기]를 터치합니다.

 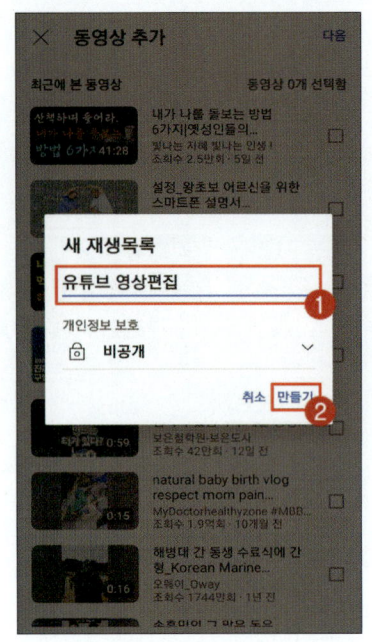 

1️⃣ [다음]을 터치합니다. 2️⃣ ① [새 재생목록]에 제목을 정합니다. ② [만들기]를 터치합니다.
3️⃣ [새 재생목록 생성되었습니다.]가 보이면 생성되었음을 확인합니다.

- 내 동영상

1️⃣ 유튜브 내 채널 홈 화면에서 [보관함]을 터치합니다. 2️⃣ [내 동영상]을 터치합니다.
3️⃣ 내가 업로드한 동영상을 한눈에 볼 수 있습니다.

- 내 영화

1️⃣ [내 영화]를 터치합니다. 2️⃣ [찾아보기]를 터치해 보고 싶은 영화를 구매해서 시청할 수 있습니다.
3️⃣ 구매한 콘텐츠가 표시됩니다.

08강 스마트폰 하나면 나도 1인 유튜버! – 동영상 업로드

■ 동영상 업로드
  – 일반 영상 업로드 할 때

1 ① 유튜브 하단 메뉴에 [+]를 터치합니다. **2** ① [동영상 업로드]를 터치합니다.
3 ① 갤러리에 내가 준비한 60초 이상의 업로드 할 영상을 찾아 선택합니다. (15분 이상 일반 동영상을 첫 업로드 시 구글 계정을 문자 메시지 또는 자동 음성 통화로 인증코드를 받아 계정 확인을 한 후 가능하며 60초 이하 영상의 경우 Shorts 동영상으로 변경하여 올릴 수 있습니다.)

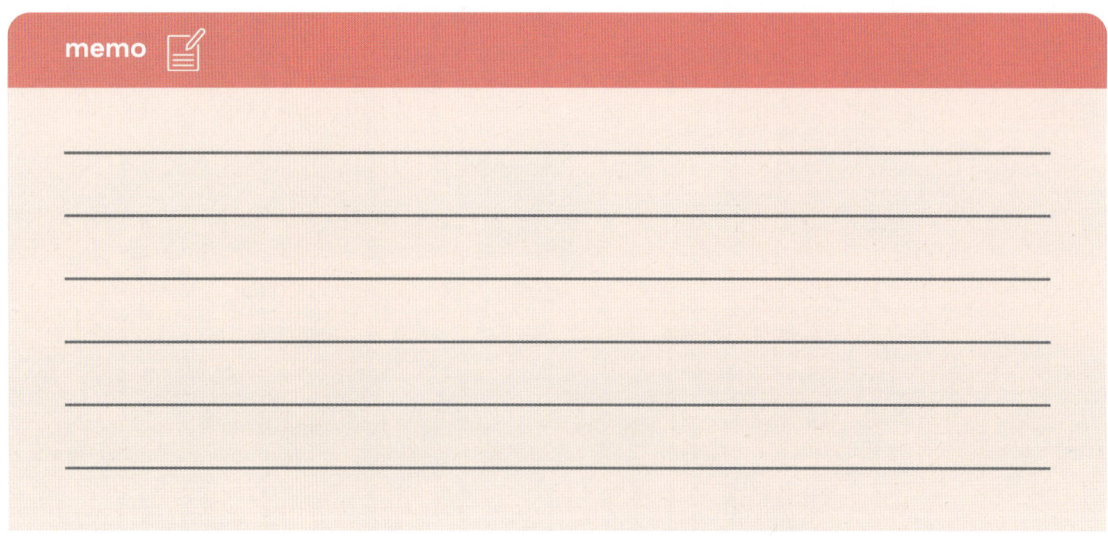

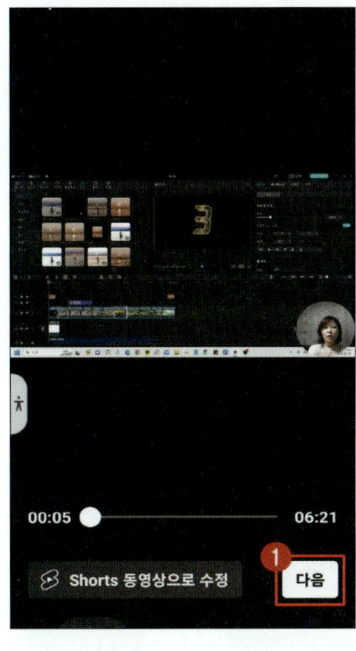 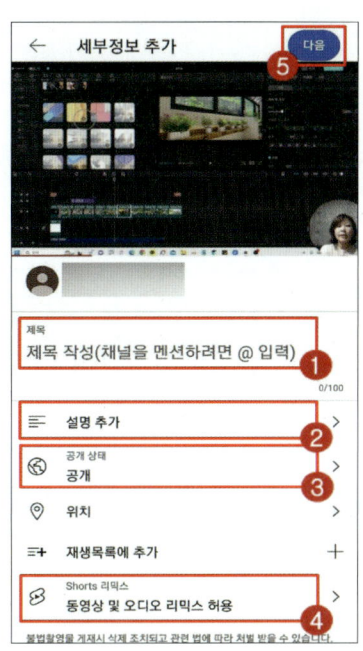 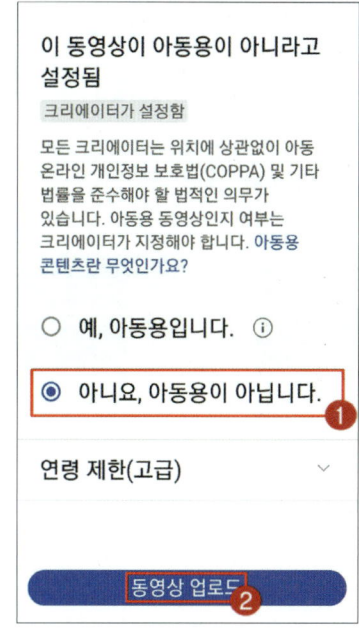

1 ① 선택된 영상이 잘 삽입되었다면 우측 하단 [다음]을 터치합니다.

2 ① [제목] 부분을 터치하여 내 영상에 맞는 제목을 입력합니다. ② 동영상 아래에 표시되는 정보 부분으로 [설명 추가]를 터치하여 영상에 대한 상세 설명을 입력하고 채널을 멘션하려면 @를 입력하고 내가 연결하고자 하는 채널 이름 또는 핸들을 입력합니다. ③ [공개 상태]를 터치하여 동영상의 공개 범위 설정을 공개, 일부 공개, 비공개 중 선택합니다. ④ [Shorts 리믹스] Shorts 동영상을 만들 수 있도록 [동영상 및 오디오 리믹스 허용]을 선택합니다. ⑤ 우측 상단 [다음]을 터치합니다.

3 ① 업로드할 동영상의 시청층을 구분하기 위한 선택을 합니다. ② [동영상 업로드]를 터치하고 유튜브 내 채널에 올립니다.

■ 업로드 후 수정
– 일반 동영상 수정

1 ① 우측 상단 [내 계정]을 터치합니다. 2 ① [내 채널] 부분을 터치합니다.
3 ① [동영상 관리]를 터치하여 업로드한 영상 목록 화면으로 이동합니다.

 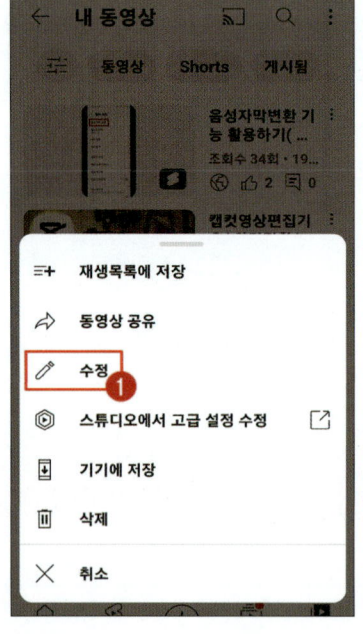 

1 ① 수정할 동영상 우측 [점 3개]를 터치합니다. 2 ① 목록 메뉴 중 [수정] 부분을 터치합니다.
3 ① [썸네일 변경] 아이콘을 터치하여 시청자가 동영상을 클릭하기 전에 보게 되는 이미지를 바꿀 수 있습니다. (썸네일을 변경하기 위한 계정인증이 필요합니다.) ② [제목, 설명, 공개 상태, 시청자층] 등을 터치하여 수정하고자 하는 부분을 수정을 해 줍니다.

– 썸네일 변경 인증받기

업로드 한 영상을 수정 시 내가 만들어 놓은 이미지 변경(썸네일)을 하기 위한 내 계정 인증단계가 필요합니다. 첫 인증 단계를 진행하고 나면 다음 영상 업로드 시 영상을 선택하고 바로 시청자가 영상을 클릭하기 전 보이는 이미지를 지정 후 업로드 할 수 있습니다.

  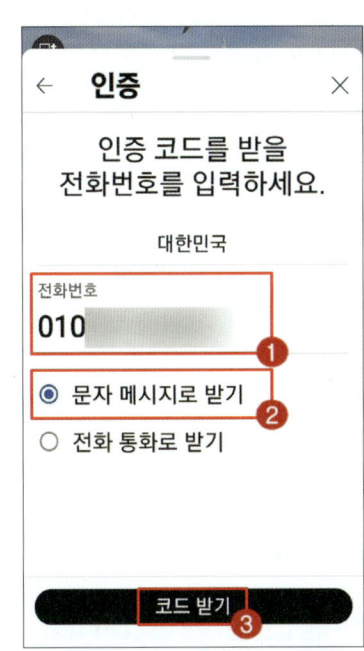

1 ① [썸네일 변경] 이미지 아이콘을 터치합니다. **2** ① 동영상에 맞춤 썸네일을 위한 본인 확인 과정을 위한 [확인]을 터치합니다. **3** ① 사용자 전화번호를 입력합니다. ② 인증 코드 받기 방식을 [문자 메시지로 받기]를 터치합니다. ③ 아래 [코드 받기] 버튼이 활성화되면 터치합니다.

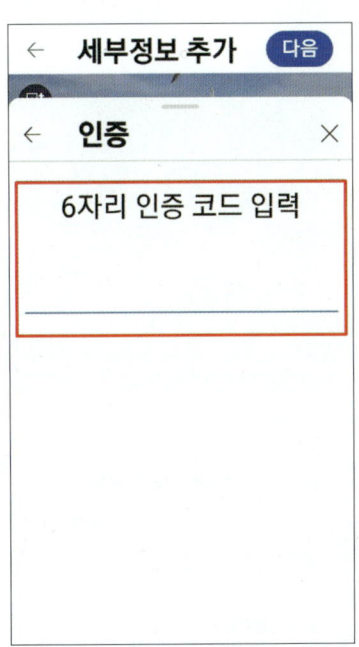  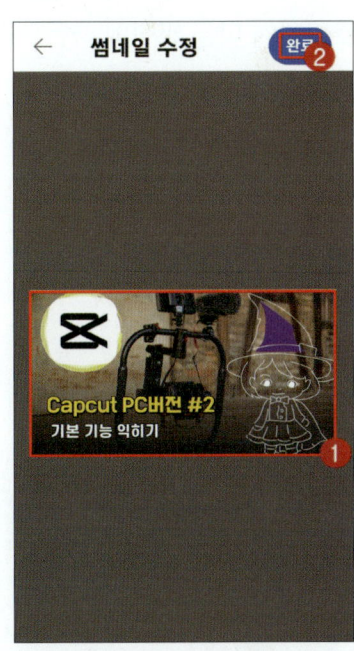

1 문자 메시지로 온 인증코드를 확인하고 [6자리 인증 코드 입력]란에 동일하게 입력해 줍니다. **2** [전화번호가 확인됨] 창이 뜨고 바로 갤러리 화면으로 이동됩니다. **3** ① 갤러리에서 내가 썸네일로 삽입할 이미지를 선택합니다. ② 우측 상단 [완료]를 터치합니다.

1️⃣ ① 영상 시청 전 보이는 썸네일 이미지가 변경이 되었다면 우측 상단 [저장]을 터치합니다.
2️⃣ 첫 인증을 받은 후 두 번째 영상을 업로드 시에는 [썸네일 이미지 변경] 아이콘을 누를 시 대표 이미지로 추천하는 3가지 이미지와 ① 내 갤러리에서 선택할 수 있는 [변경]을 터치하여 선택할 수 있습니다.
② [완료]를 터치합니다.

- 일반 동영상 Shorts 동영상으로 수정

영상 업로드 시 리믹스 옵션을 오디오 또는 동영상을 허용해 놓았다면 다른 시청자가 사운드 또는 동영상의 세그먼트를 사용할 수 있고 업로드된 내 일반 동영상 콘텐츠를 리믹스해 Shorts로도 업로드 할 수 있습니다. 리믹스된 Shorts 동영상에 원본 동영상 출처도 표시되기 때문에 내 콘텐츠를 마케팅할 수 있는 좋은 기회가 됩니다. 영상의 일부분을 60초 이내 Shorts 영상으로 원하는 구간을 정해 업로드 할 수 있고 사운드만 추출하여 다른 영상에 사운드만 삽입해 또 다른 콘텐츠를 만들어 낼 수 있습니다.

1️⃣ ① [내 계정] - [내 채널] - [동영상 관리]로 들어가 Shorts 동영상으로 수정하고자 하는 업로드된 일반 동영상을 선택합니다. 2️⃣ 영상 아래 메뉴 중 ① [리믹스]를 터치합니다. 3️⃣ ① 리믹스 메뉴 중 [Shorts 동영상으로 수정]을 터치합니다.

 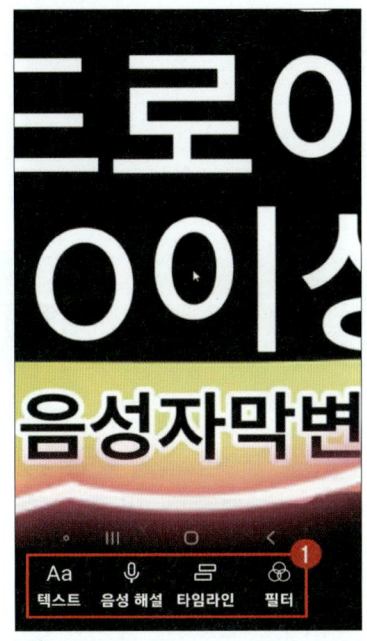 

1️⃣ ① Shorts 동영상으로 업로드한 시간을 [15초 또는 60초]로 정합니다. ② 영상 클립의 양 끝을 조절하여 내가 원하는 부분이 보일수 있도록 조정하여 정합니다. ③ 시간과 영상의 부분이 다 정해졌다면 우측 하단 [다음] 터치합니다. 2️⃣ ① Shorts 영상 아래 메뉴에 [텍스트, 음성 해설, 타임 라인, 필터] 등을 활용하여 추가할 수 있습니다. 3️⃣ ① [제목]을 터치하여 시청자의 관심이 주목될 수 있는 제목과 설명을 입력합니다. ② 아래 하단 [Shorts 동영상 업로드]를 터치하여 Shorts 동영상으로 업로드합니다.

▶ ① Shorts 제작 도구를 사용해 리믹스된 Shorts 영상 하단 [제작 소스] 부분을 터치하면 일반 동영상으로 연결되어 신규 시청자가 내 콘텐츠를 발견할 수 있는 좋은 기회가 됩니다.

- Shorts 동영상 설명 PC에서 삽입하기

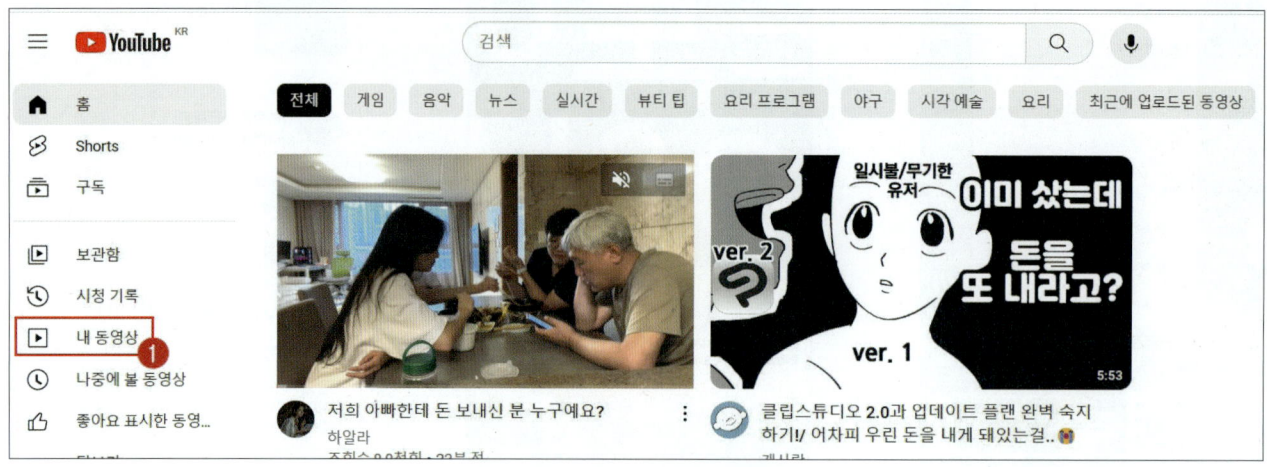

▶ ① PC에서 유튜브 내 계정으로 들어가 [내 동영상]을 클릭해 동영상 목록 화면으로 이동합니다.

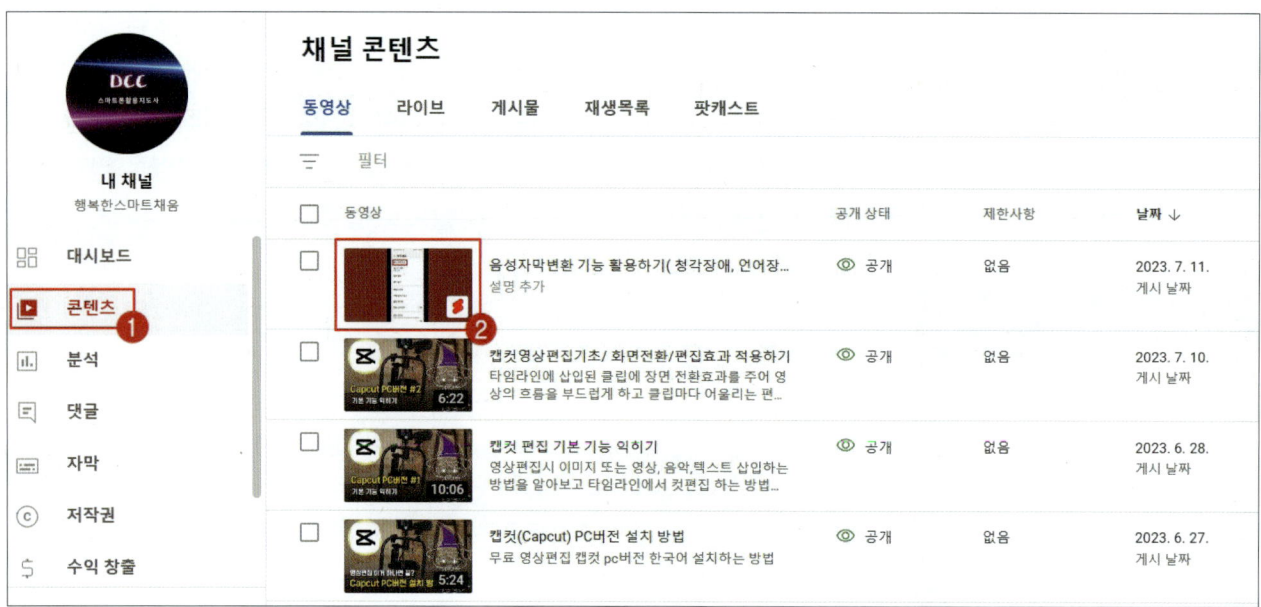

▶ ① 업로드된 콘텐츠 중 설명을 삽입하고자 하는 ② Shorts 동영상을 선택합니다.

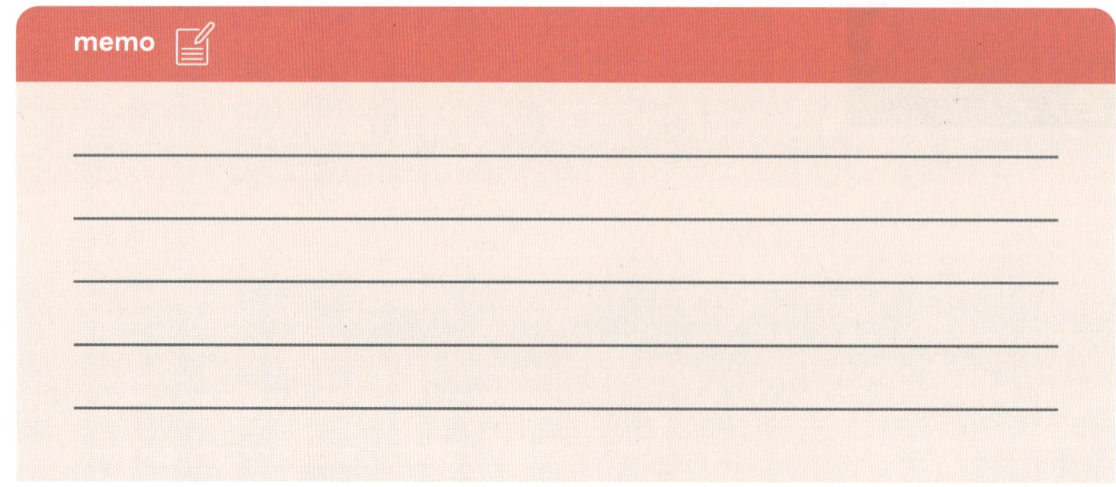

▶ ① [세부정보]를 클릭해 ② 우측란에 [설명] Shorts 동영상에 대한 상세한 설명을 넣어 시청자의 이해를 돕습니다.

1️⃣ ① Shorts 동영상 우측 상단 [점 3개]를 터치합니다. 2️⃣ ① 메뉴 중 [설명] 부분을 터치합니다.
3️⃣ PC 버전에서 입력한 Shorts 영상에 대한 상세 설명을 볼 수 있습니다.

09강 스마트폰 하나면 나도 1인 유튜버다! - 스마트폰 유튜브 스튜디오

■ 스마트폰 유튜브 스튜디오
   - 내 채널 분석하기

 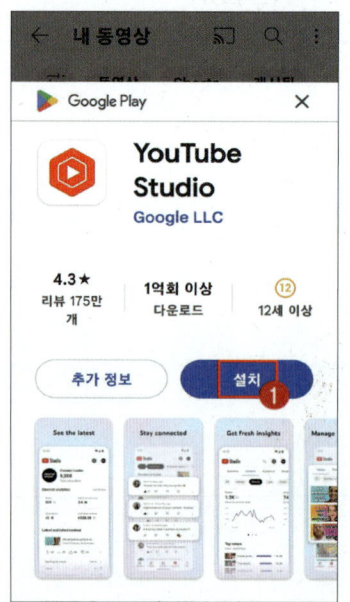 

1 ① [내 채널] - [동영상 관리]로 들어가서 업로드된 동영상 우측 [점 3개]를 터치합니다.
2 ① YouTube Studio 앱 설치 화면이 나타나면 [설치]를 터치합니다. **3** ① 설치가 완료된 후 [열기]를 터치합니다.

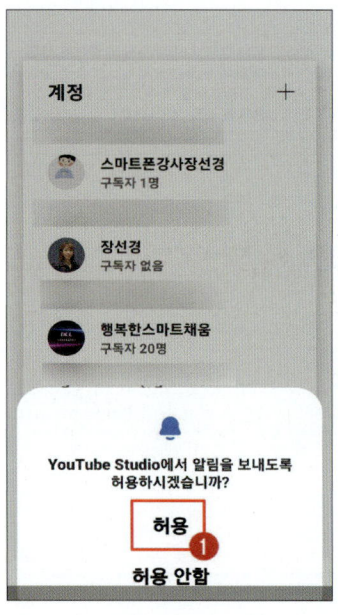  

1 ① 알림 팝업창이 뜨면 [허용]을 터치합니다. **2** ① 분석하고자 하는 내 채널 계정 [행복한스마트채움]을 터치합니다. **3** ① YouTube 스튜디오 시작 화면이 뜨면 [시작하기]를 터치합니다.

 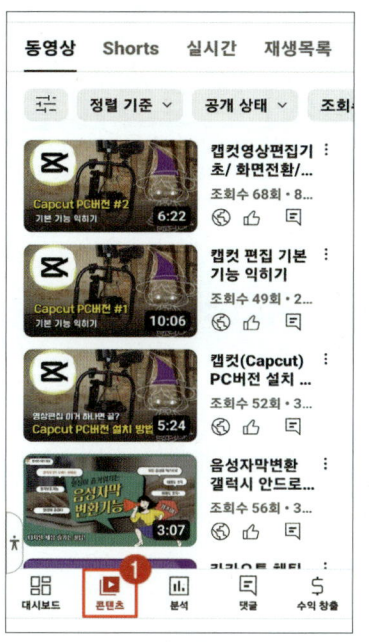 

1 ① 하단 메뉴 중 [대시보드]를 선택하면 채널의 활동을 알 수 있는 조회 수, 시청시간, 노출클릭률, 동영상별 조회 수 순위를 대략적으로 확인할 수 있습니다. 2 ① [콘텐츠]를 선택하면 내 채널에 업로드한 일반 동영상, Shorts 동영상, 실시간, 재생목록 기록을 확인할 수 있습니다. 3 ① [분석]을 터치하면 일별 조회 분포도, 인기페이지, 영상별 실시간 조회 수에 대한 보고서를 통해 내 채널을 세밀하게 확인하고 분석할 수 있습니다.

1 ① [댓글]을 터치하면 내 동영상에 남긴 댓글을 확인하고 답글을 달 수 있습니다. 다른 크리에이터가 내 채널을 멘션한 내용도 확인할 수 있습니다. 2 ① [수익 창출] Youtube 파트너 프로그램(YPP)에 가입한 후 승인되면 광고수익, 유튜브 쇼핑, 유튜브 프리미엄 수익, 채널멤버십, Super Chat, Super Sticker, Super Thanks 수익창출을 관리할 수 있습니다. 각 기능 자격요건에는 구독자 수, 조회 수 이외에도 별도의 자격요건이 필요합니다. (채널 자격요건 : 광고 수익 기준은 구독자 수 1,000명, 지난 365일간 공개 동영상 시청시간 4,000시간, 지난 90일간 공개 Shorts 동영상 조회 수 1,000만 회 조건이 충족되어야 합니다.)

10강 동영상 촬영장비와 프로그램 알아보기

■ 스마트폰 및 DSLR 카메라, 미러리스 카메라

유튜브를 시작하기로 마음먹고 장비부터 구입하는 분들이 의외로 많습니다. 하지만 장비 구매 전 어떤 채널을 운영할지 결정한 후 내 콘텐츠에 맞는 장비를 구매하는 것이 좋습니다. 동영상 촬영에 필요한 기본장비는 카메라, 삼각대, 마이크, 조명이 있습니다.

▲ 스마트폰

▲ DSLR 카메라

▲ 미러리스 카메라

- 스마트폰

모든 유튜브 입문자에게 추천합니다. 스마트폰은 지금 내가 가진 가장 익숙하고 강력한 동영상 촬영 장비입니다. 최신 스마트폰은 FHD는 물론 4K 영상까지도 가능하며 각종 앱을 활용한 편집 프로그램이 다양하여 보정으로 미러리스 카메라나 DSLR에 맞먹는 영상을 만들 수 있습니다.
또 한번에 촬영, 편집, 업로드까지 할 수 있어 시간과 장소의 제약을 받지 않고 신속하게 유튜브에 올릴 수 있는 장점이 있습니다.

- DSLR 카메라

디지털 기술로 태어난 최상위급 카메라입니다. 미러리스 카메라 시장이 확대되면서 DSLR 카메라의 시장이 일정부분 줄어드는 것은 피할 수 없겠지만 그래도 디지털 카메라의 가장 높은 단계에는 언제나 DSLR 카메라가 위치하고 있을 것이라는 견해에는 거의 이견이 나오지 않고 있습니다. 촬영 화면을 보여주는 액정을 촬영자 쪽으로 돌릴 수 있어야 혼자 촬영할 때 편리합니다.

- 미러리스 카메라

DSLR 카메라와는 달리 카메라 몸체 안에 있던 거울과 프리즘을 없애서 부피가 작고 가벼워 늘 휴대하며 일상의 영상을 찍기에 좋습니다. 보정 및 필터 기능이 있어 편리하며 스마트폰 다음으로 가성비가 좋은 촬영 장비입니다.

■ 액션캠 및 웹캠, 삼각대

▲ 액션캠

▲ 삼각대

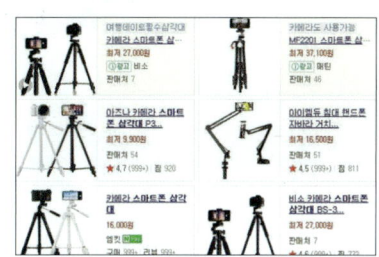
<네이버쇼핑검색>

▲ 웹캠

<네이버쇼핑검색>

- 액션캠

스포츠, 레저, 액션 등에서 사용되는 초소형 광각 캠코더입니다. 최근에는 여행, 캠핑, 브이로그에 많이 사용되며 보조 장비로 사용하기에 적합합니다. 액션캠을 사용하면 영상에 생동감을 불어넣을 수 있어 좋습니다.

- 웹캠

웹(web)과 카메라(camera)의 합성어로 컴퓨터에 연결해 사용하는 소형 카메라입니다. 먹방, 게임방송, 교육 등 모니터 앞에서 촬영하는 콘텐츠라면 웹캠을 사용하면 편리합니다.

- 삼각대

삼각대를 사용하면 야외촬영이나 1인 촬영 시 스마트폰이나 카메라에 고정시켜 흔들림을 방지하고 안정된 구도로 촬영하여 영상의 품질을 높일 수 있습니다.

◼ 스마트폰 짐벌, 스탠드 마이크 및 핀 마이크

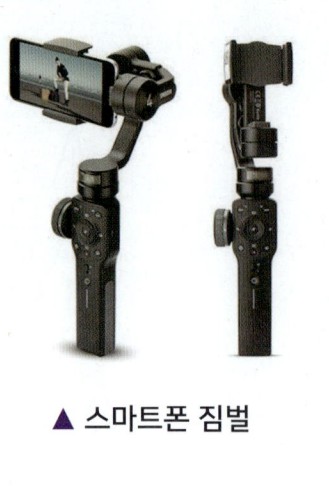

▲ 스마트폰 짐벌

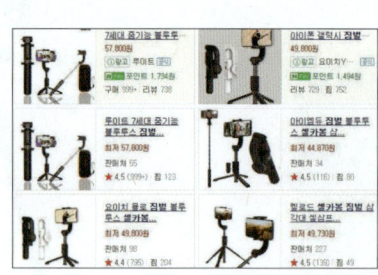

<네이버쇼핑검색>

▲ 스탠드 마이크

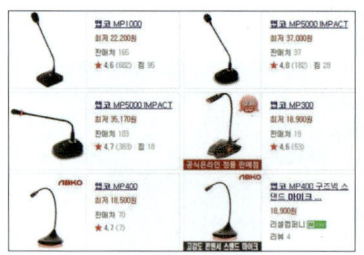

<네이버쇼핑검색>

▲ 핀 마이크

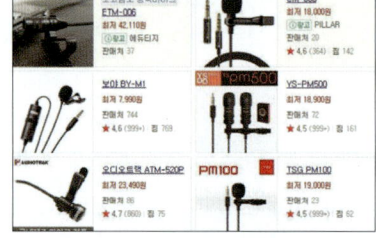

<네이버쇼핑검색>

- 스마트폰 짐벌
스마트폰과 결합하여 사진이나 영상을 찍을 때 흔들림을 보정해주는 장치입니다. 스마트폰 짐벌을 사용하면 혼자서도 제삼자가 찍어주는 것처럼 흔들림이 적고 구도도 직접 변경해가며 촬영할 수 있습니다.

- 스탠드 마이크
테이블 위에 올려놓고 사용하는 마이크 종류로 구즈넥 형태를 가지고 있는 경우가 많습니다.
구즈넥 마이크는 손잡이 부분을 원하는 각도로 자유롭게 구부릴 수 있습니다.

- 핀 마이크
강의, 리포터, 회담 시 주로 사용하는 초소형 마이크로 옷깃이나 넥타이 등에 클립으로 고정해서 사용합니다.

■ 조명

※ 빛은 동영상의 선명도를 높이고 색상을 풍부하게 담기 때문에 빛을 적극적으로 활용하는 것이 좋습니다. 조명은 뷰티크리에이터나 라이브 스트리밍을 하는 유튜버에게 특히 중요합니다. 편집프로그램에서 필터로 효과를 넣을 수 있겠지만 조명을 이용하면 자연스럽게 보일 수 있습니다.

▲ 사각 LED 조명 <네이버쇼핑검색>   ▲ 링 LED 조명 <네이버쇼핑검색>

- 사각 LED 조명
사각 LED 조명 2개를 활용하면 얼굴에 입체감이 살아납니다.

- 링 LED 조명
2개의 조명이 부담된다면 링 LED조명 1개를 활용하시면 그림자의 사각이 덜 생깁니다.

※ 유튜브를 시작하기로 마음먹고 장비부터 구입하는 분들이 의외로 많습니다. 하지만 장비 구매 전 어떤 채널을 운영할지 결정한 후 내 콘텐츠에 맞는 장비를 구매하는 것이 좋습니다. 동영상 촬영에 필요한 기본장비는 카메라, 삼각대, 마이크, 조명이 있습니다.

◆ PC용 편집프로그램
[곰믹스 GOM Mix]
▶ 동영상이나 사진들을 쉽고 빠르게 편집하여 나만의 영상을 제작할 수 있는 pc용 동영상 편집 프로그램입니다.

[뱁믹스 Vapmix]
▶ 간단한 인터페이스로 사용자가 쉽게 동영상에 다양한 자막 스타일을 사용할 수 있는 PC용 동영상 편집 프로그램입니다.

◆ 스마트폰용 편집프로그램
[키네마스터 KineMaster]
▶ 멀티 레이어, 혼합 모드, 보이스 오버, 크로마키, 속도조정, 장면전환효과, 자막 입력, 특수 효과 등의 다양한 기능들을 쉽게 사용할 수 있는 안드로이드 이용자를 위한 스마트폰용 동영상 편집 프로그램입니다.

[블로 VLLO]
▶ 음악, 자막, 컷 편집, 배속, 모자이크 기능이 모두 가능하며 워터마크도 없는 안드로이드와 IOS 이용자 모두 사용할 수 있는 스마트폰용 동영상 편집 프로그램입니다.

11강 스마트폰 촬영 노하우

▣ 카메라 설정 완전정복하기

① 스마트폰 홈 화면 하단의 [카메라] 아이콘을 터치합니다. ② 카메라가 열리면 상단 왼쪽 톱니모양 [설정] 아이콘을 터치합니다. ③ [장면별 최적 촬영] 카메라가 피사체를 인식해 자동으로 색상을 조정하고 최적의 효과를 적용해 줍니다. 촬영 모드의 사진을 선택한 후 대상이 인식되면 장면별 최적 촬영 버튼의 모양이 바뀌고, 대상에 최적화된 색상과 효과가 적용됩니다.

▶ 촬영 구도 추천
① 사진을 찍을 때 제일 신경 써야 할 점은 구도 설정입니다.
화면 속 노란 프레임에 포인트에 맞추면 최적의 구도로 촬영이 가능합니다.

▶ QR 코드 스캔
② 카메라 앱을 연 다음 QR코드가 화면에 나타나도록 카메라를 배치합니다. 관련 웹사이트로 이동하려면 웹주소를 터치합니다.

 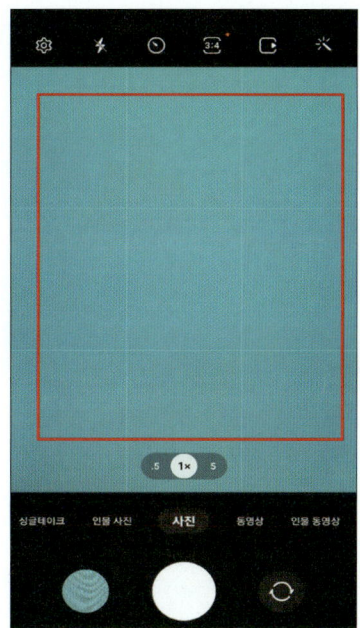 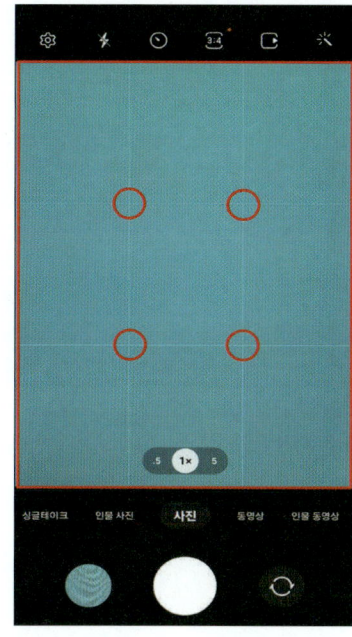

1 [동영상 손떨림 보정] 초점이 흔들리는 것을 방지, 선명한 사진을 찍는 데 중요합니다.
2 [수직/수평 안내선] 안정적인 구도를 잡는 데 매우 중요합니다. **3** [3등 분할법] 황금 분할에서 출발한 구도법으로 화면을 가로, 세로 3등분하면 두 개의 수직선과 수평선이 나오고 4개의 교차점이 생기는데 이 교차점 중 한 곳에 피사체를 배치하면 3등 분할의 화면구성이 됩니다. [위치 태그] 사진을 찍은 시점의 위치가 나타납니다.

- 사진의 상세정보 찾아보기

 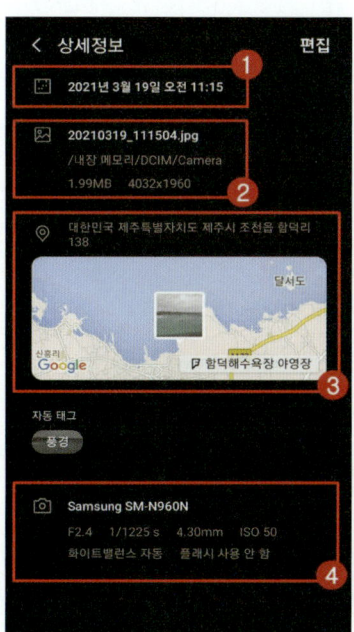

1 ① [더보기]를 터치합니다. **2** ① 상세정보가 나옵니다. 촬영 일자가 보입니다. ② 사진의 용량과 크기를 알 수 있습니다. ③ 촬영장소를 알 수 있습니다. ④ F값, 화각, 촬영시간, ISO 등 촬영정보를 알 수 있습니다.

▶ [촬영 방법] 음성으로 촬영, 플로팅 촬영버튼, 손바닥 내밀기(셀피 촬영 시) 설정합니다.

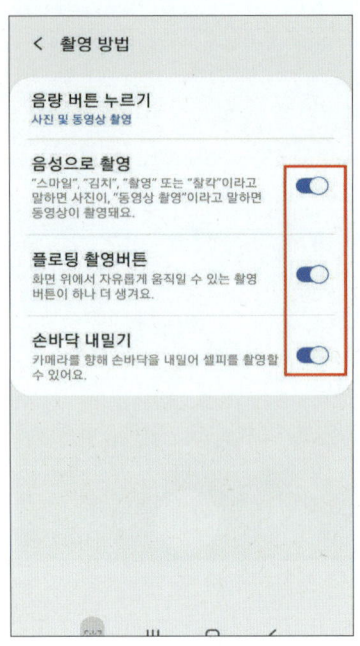  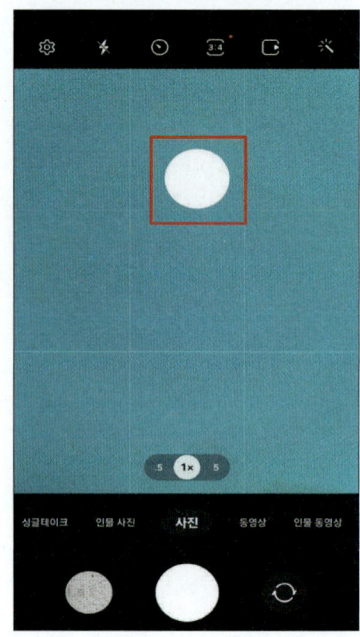

1 [음성으로 촬영]은 [스마일, 김치, 촬영]이라고 외치면 스마트폰이 알아서 촬영하는 기능입니다. 음성으로 촬영기능은 주변 소음이나 발음의 부정확성 등으로 원하는 순간에 포착하지 못할 수 있습니다.
2 [플로팅 촬영버튼]은 원하는 화면에 셔터를 한 개 더 만들 수 있는 기능입니다.
3 [손바닥 내밀기] 카메라를 향해 손바닥을 내밀어 셀피를 촬영하는 기능입니다.

- 카메라의 빠른 실행

1 [빠른 실행] 순간적인 장면을 촬영하고자 할 때 [카메라의 빠른 실행]을 설정하기 위해 카메라의 촬영 화면에서 톱니 모양 [설정] 아이콘을 터치합니다. [빠른 실행]을 터치하여 활성화합니다.
2 스마트폰의 [전원 버튼]을 빠르게 [두 번] 누르면 카메라 앱이 실행합니다.

▣ 전문가 모드 촬영하기 - 프로 모드

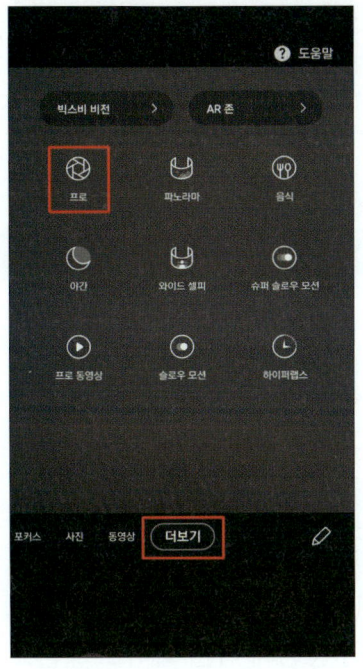 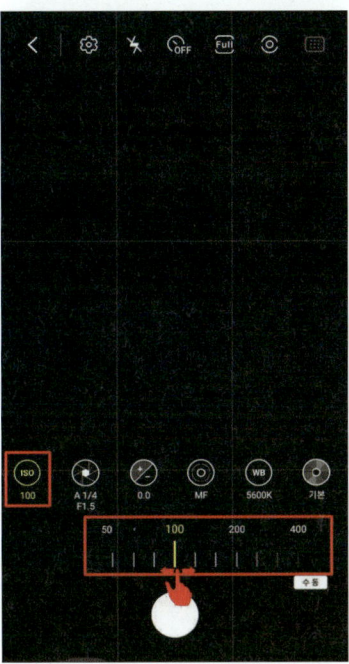 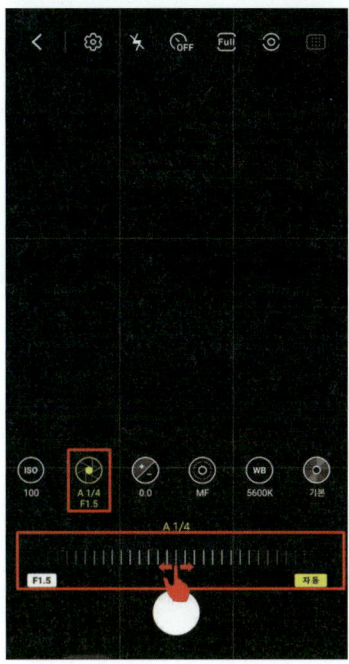

1 [프로 모드]는 DSLR 카메라처럼 촬영 시간, 초점, 감도(ISO), 화이트밸런스를 설정하여 좀 더 전문적인 사진을 찍을 수 있습니다. **2** [ISO]기능은 빛의 밝기를 조절합니다. ISO가 높을수록 빛에 민감하게 반응하여 어두운 환경에서도 밝게 촬영할 수 있습니다. **3** [셔터속도]는 카메라가 빛을 받아들이는 노출시간을 결정합니다. 셔터속도를 길게 설정하면 어두운 환경에서 밝게 촬영할 수 있습니다.

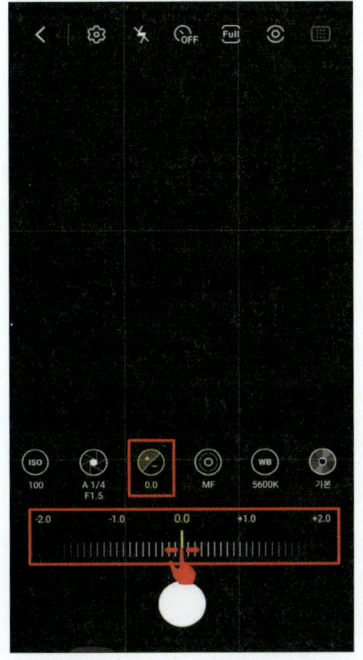 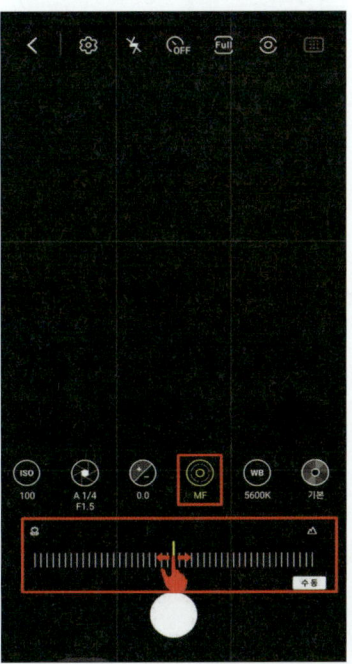

1 [노출값]을 조절합니다. 노출값은 카메라가 받는 빛의 양을 결정합니다. 어두운 곳에서는 노출값을 높게 설정합니다. **2** [초점거리]를 조절합니다. 피사체의 거리에 따라 근거리(꽃모양)나 원거리(산모양)를 선택하여 피사체를 선명하게 촬영할 수 있습니다. 초점거리를 자동으로 조절하려면 수동을 눌러 자동으로 변경합니다.

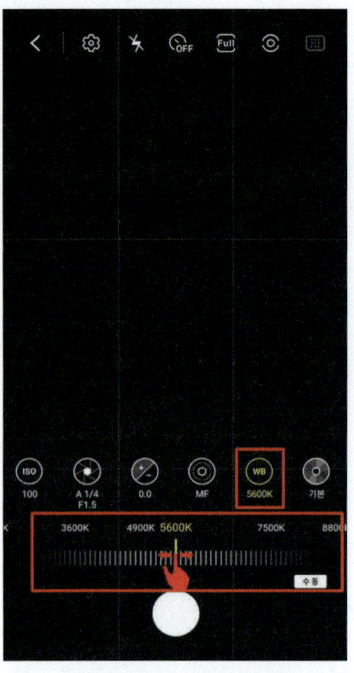 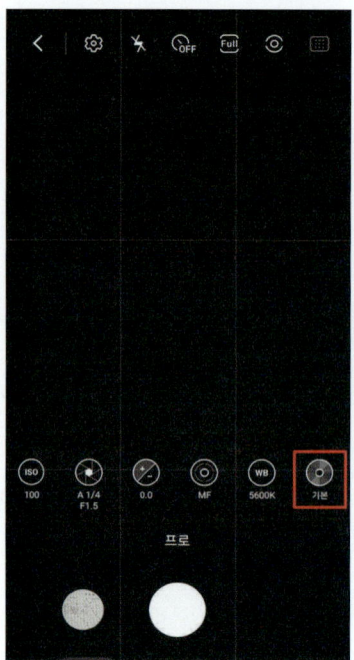 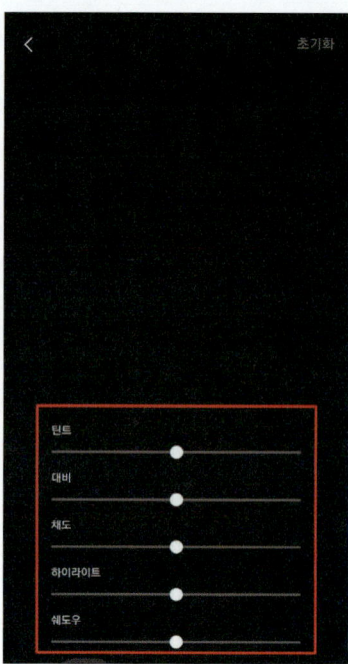

1 [화이트밸런스(WB)]는 색온도를 나타냅니다. 화이트밸런스(WB)는 촬영 환경에 따른 화이트 밸런스를 선택하여 광원의 색온도에 따라 달라지는 피사체의 색상을 사람이 보이는 것처럼 나타낼 수 있습니다. [K]를 선택해 색온도를 직접 조절할 수도 있습니다. 화이트밸런스 캘빈 값(K)의 수치가 낮아질수록 파란빛에 가까운 색이고, 수치가 높을수록 따뜻한 색감(노란색)을 띱니다. **2**, **3** [기본]은 틴트, 대비, 채도, 하이라이트, 쉐도우 등의 조절점을 좌우로 움직여 설정할 수 있습니다.

▣ 스마트폰 카메라로 사진 잘 찍는 법

 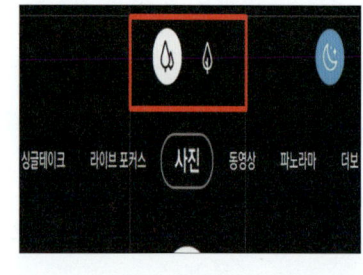 

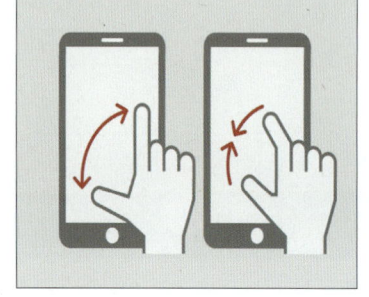

1 [렌즈]를 항상 깨끗이 닦습니다. 흔들림 없는 [안정된 자세와 카메라 잡기]가 중요합니다.

2 촬영할 [이미지 크기]를 조절하여 촬영합니다.

3 스마트폰 [셔터를 가볍게] 터치한다는 느낌으로 누릅니다.

1. 사진을 찍기 전 화면을 톡하고 터치하여 [초점과 밝기]를 조절합니다. 한결 선명한 사진이 됩니다.
2. 사진을 잘 못 찍는다면 [최대한 밝은 곳]에서 촬영합니다.

memo

◾ 스마트폰 파지(그립)법

- 가로 파지법

▶ [가로 파지법]
스마트폰을 오른손 검지와 새끼손가락으로 감싸고 엄지손가락으로 촬영 버튼을 누릅니다. 왼손은 카메라 렌즈를 가리지 않게 자연스럽게 잡아줍니다.

- 세로 파지법

▶ [세로 파지법]
스마트폰을 왼손바닥에 올려 감싼 다음 오른손 네 손가락으로 왼손을 감싸고 엄지손가락으로 촬영 버튼을 누릅니다.

▶ [핑거 그립톡]
한 손으로 스마트폰을 잡고 사진을 많이 찍는데 최신 스마트폰들의 크기가 커져 한 손 잡기가 불편할 땐 핑거 그립톡을 이용해 잡는 것도 좋습니다.

◨ 샷 및 앵글에 따른 사진 촬영 법

인물사진 샷의 종류 - 풀샷, 니샷, 미디엄, 웨이스트샷, 바스트샷, 클로즈업샷, 익스트림 클로즈업 인물을 찍을 때 어떻게 프레임을 잡는가는 매우 중요합니다. 발목, 손목, 목 등 관절에서 자르면 보기 불편하니 주의합니다.

① **풀 샷(Full Shot)** 인물의 전체 모습과 배경을 같이 보여주나 인물에 관심을 집중시켜주는 샷입니다.

② **니 샷(Knee Shot)** 인물의 무릎에서 위쪽(상반신)을 보여주는 샷을 말하며 상반신의 움직임을 보여주려고 할 때 샷과 샷의 연결하는 과정에서 많이 사용합니다.

③ **미디엄 샷(Medium Shot)** 일반적으로 인물의 허벅지 중간부터 머리까지 보여줄 수 있는 샷입니다. 주변 정보보다는 인물에 포커스가 맞춰진 샷입니다.

④ **웨이스트 샷(Waist Shot)** 인물의 허리 부분부터 머리까지(상반신) 보여주는 샷입니다. 인터뷰나 뉴스 등에서 많이 쓰이는 샷입니다.

⑤ **바스트 샷(Bust Shot)** 은 머리끝에서 가슴까지 보여주는 샷입니다.

⑥ **클로즈업 샷(Close Up Shot)** 은 얼굴 전체가 화면에 가득 차는 샷으로 인물의 표정과 감정이 잘 나타납니다.

⑦ **익스트림 클로즈업(Extreme Close Up)** 은 인물의 눈이나 입술 등의 특정 부위를 화면에 가득 차게 보여줍니다.

– 카메라의 앵글

카메라의 앵글이란 피사체(촬영대상)를 어떤 높이에서 바라보고 찍느냐에 대한 것으로, 앵글에 따라 분위기와 느낌이 달라집니다.
카메라 앵글의 종류 : 하이앵글, 아이레벨, 로우앵글이 있습니다.

▶ [하이앵글]
촬영대상보다 높은 위치에서 촬영하는 것, 위에서 내려다보는 효과가 있습니다.
단, 사람을 하이앵글로 찍으면 키가 작아 보이니 주의합니다.

▶ [아이레벨]
촬영대상과 같은 높이에서 촬영하는 것, 자연스럽고 안정감을 줍니다.

▶ [로우앵글]
촬영대상보다 낮은 위치에서 촬영하는 것, 건물을 웅장하게, 사람의 키를 커 보이게 합니다. 피사체를 과장되게 표현할 때 활용합니다.

memo
_____
_____
_____
_____

▣ 상황별 사진 촬영 노하우(풍경, 인물)
  - 풍경 사진 잘 찍기

아름다운 자연 광경은 누구라도 카메라를 들고 사진을 찍게 합니다. 자연에서 받은 감동을 그대로 담아내는 풍경 사진을 찍는 방법 몇 가지를 소개합니다.

1) 일출 장면 찍기 : 바다에서든 도시에서든 떠오르는 태양은 감동을 주기에 충분합니다. 스마트폰으로 찍을 때 화면의 밝은 곳을 손가락으로 터치한 후 나타나는 밝기 조절막대를 어두운 쪽으로 내려야 빛의 번짐 현상이 줄어들어 해가 잘 표현됩니다.

2) 푸른 하늘을 멋지게! : 풍경 사진 하면 가장 먼저 떠오른 것이 눈이 시리도록 푸른 하늘입니다. 잘 찍고 싶지만 의외로 잘 안 찍히는 것이 풍경이기도 하지요, 하늘을 파랗게 찍고 싶다면 해의 방향을 기억하면 됩니다. 사진사가 해를 등지고 섰을 때 마주 보는 하늘이 가장 파랗습니다. 해가 어느 방향에 있든 해를 등지고 서면 언제나 푸른 하늘을 찍을 수 있습니다.

 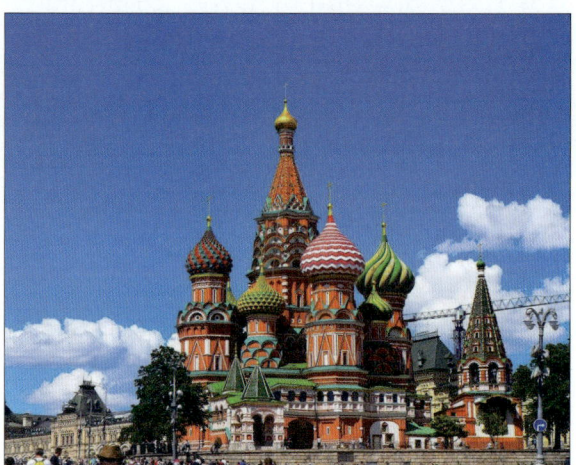

3) 역광 촬영 : 사진 촬영할 때 촬영자가 해를 바라보고 찍으면 됩니다. 피사체의 디테일이 사라지고 단순한 실루엣으로 구성되어 멋스럽습니다.

memo
_____
_____
_____
_____
_____
_____

– 인물 사진(셀카 사진 잘 찍는 법)

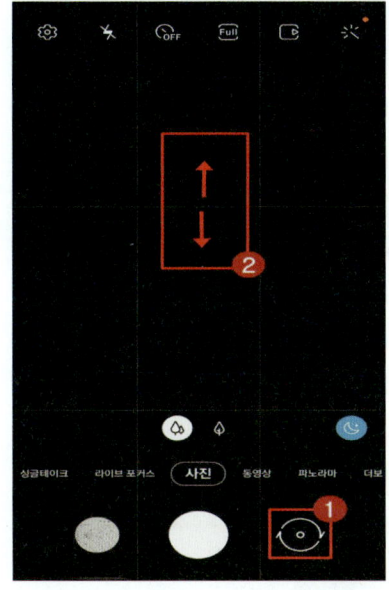  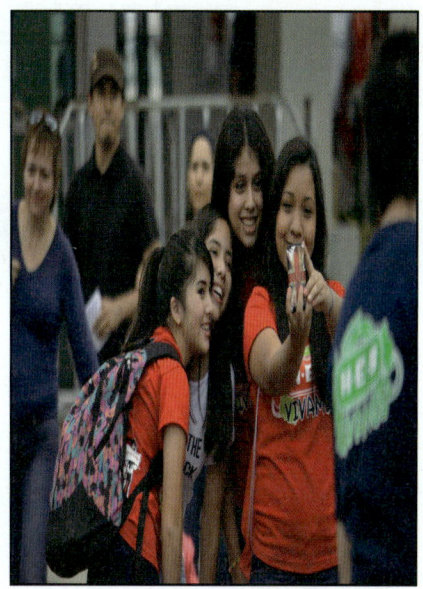

1 [**전면카메라 전환**] : 스마트폰의 카메라 앱을 실행시킨 후 전면 카메라로 전환시킵니다.
① 화면 하단의 우측 전환 버튼을 터치하면 전환됩니다. ② 후면 카메라 상태에서 화면을 위, 아래로 밀면 전환됩니다.

2 [**얼짱각도**] : 핸드폰을 45도로 높이 들고 고개를 숙인 후(하방 15도 위에서 아래로 내려다보는 각도) 눈을 살짝 치켜뜨면 귀엽게 보입니다. 이렇게 찍으면 눈은 더 커 보이고 턱선이 갸름해 보이는 효과를 얻을 수 있습니다. 촬영되는 인물보다 아래쪽에서 찍어야(로우앵글) 키가 크고 얼굴이 작게 나옵니다. 아기를 찍을 때, 여자친구나 여성을 찍을 때 자세를 낮추어 찍어야 합니다.

3 [**인물배경 포커스아웃**] : 인물 뒷배경을 포커스 아웃시키면 인물에 시선이 집중됩니다. 카메라 모드에서 라이브 포커스 또는 인물사진을 선택하여 찍으면 배경이 포커스 아웃이 됩니다. 주변의 환경을 살펴 배경을 선택합니다. 가능한 간결한 배경이 인물을 부각해 주지만 촬영장소를 보여주고 싶다면 랜드마크가 되는 배경을 선택하는 것도 효과적입니다.

[**자연스러운 표정과 자세**] : 자연스러운 표정과 자세가 중요합니다. 허리에 손을 올려놓거나 다리를 교차시켜봅니다. 고개를 살짝 옆으로 돌려 찍는 것도 방법입니다.

▶ [**룩킹룸**] : 피사체인 인물의 시선이 향하는 곳에 여백을 두는 것이 안정적인 느낌을 줍니다.

※ 햇볕을 정면으로 받는 정면광을 이용해서 찍으면 눈을 찡그리게 되고, 눈 밑, 턱 밑에 그림자가 생겨 부자연스럽게 나오기 때문에 측면에서 들어오는 빛을 활용하시면 좋습니다.

12강 갤러리 및 클라우드 서비스 활용하기

■ 갤러리 폴더 만들고 정리하기

1️⃣ 갤러리 사진 메뉴의 ① [더보기]를 터치합니다. ② [편집]을 터치합니다.
2️⃣ ③ [사진]을 선택하면 체크 표시가 됩니다. ④ [공유]는 사진 및 동영상을 공유합니다.
⑤ [삭제]는 필요 없는 사진을 삭제합니다. ⑥ [더보기]를 터치합니다.
⑦ [앨범으로 복사]는 원본은 그대로 두고 앨범에 복사합니다.
⑧ [앨범으로 이동]은 사진 항목의 원본이 그대로 앨범으로 이동됩니다.
⑨ [모두 선택]은 사진이 전체 선택됩니다.
⑩ [만들기]를 터치하면 [하이라이트 영상, 영화, GIF, 콜라주] 등을 선택해서 만들기 합니다.
⑪ [공유 앨범에 추가]는 공유할 앨범을 만들어 공유합니다.
⑫ [태그 추가]는 선택한 사진을 태그해서 모아둡니다. ⑬ [다운로드]는 선택한 사진을 다운로드합니다.
⑭ [날짜 및 시간 편집]은 선택한 사진의 날짜와 시간을 편집합니다.
⑮ [위치 편집]은 선택한 사진의 위치를 편집합니다.
⑯ [보안 폴더 공간으로 이동]은 사진 및 동영상을 보안 폴더로 이동합니다.
▶ 폴더를 만들려면 ⑧ [앨범으로 이동]을 터치합니다.
3️⃣ [기존 앨범]에 추가할 경우 앨범을 찾아 터치하면 사진이 추가합니다. 앨범을 새로 만들 때 ⑱ [만들기]를 터치합니다.

1️⃣ 앨범제목에 ① [수업사진]을 입력하고 ② [추가]를 터치합니다.
2️⃣ ③ [앨범]항목에 [수업사진]이라는 폴더가 만들어지고 선택한 사진이 이동하여 저장이 됩니다.
[수업사진]폴더의 [더보기]를 터치합니다. 3️⃣ ④ [편집]을 터치하면 사진을 선택하여 삭제와 공유도 할 수 있고, 더보기 메뉴의 여러 가지 기능을 사용할 수 있습니다. ⑤ [만들기]는 하이라이트 영상, 영화, GIF, 콜라주 등을 만들기도 합니다. ⑥ [이름변경]은 앨범의 이름을 변경할 수 있습니다.
⑦ [대표 이미지 변경]은 사진 하나를 선택하면 [수업사진] 폴더의 대표 이미지로 변경됩니다.
⑧ [홈 화면에 추가]는 [수업사진] 폴더를 홈 화면에 추가합니다.
⑨ [정렬]은 앨범 사진을 [시간이나 이름순, 오름차순, 내림차순, 날짜별로 묶음] 등으로 정렬합니다.
⑩ [슬라이드쇼]는 사진들을 슬라이드쇼로 보여줍니다.

memo 📝

◼ 샌드애니웨어 활용하기

[샌드애니웨어(Send Anywhere)] - 파일을 다른 기기에 쉽고 빠르게 전송하는 서비스입니다.

[샌드애니웨어] 앱(App)의 주요 내용
▶ 1:1전송 시 송·수신자 모두 로그인이 불필요합니다.
▶ 링크, 이메일 발송 시 로그인이 필요합니다.
▶ 동시에 여러 파일 전송이 가능합니다.
▶ 송신자, 수신자 모두 [샌드애니웨어] 앱을 먼저 설치하여야 합니다.

[샌드애니웨어] 앱(App)의 특징
▶ 저장된 모든 종류의 파일을 원본 그대로 전송합니다.
▶ 6자리 숫자키만으로 다양한 플랫폼 간 쉽고 빠르게 파일 전송이 가능합니다.
▶ 횟수에 제한 없이 사용 가능한 파일 공유 링크를 제공합니다.
▶ 회원가입을 하면 여러 기기의 링크를 한 번에 관리할 수 있습니다.
▶ 파일 암호화로 강력한 보안 기능을 제공합니다.

[샌드애니웨어] 앱(App)의 활용
▶ 사진, 동영상, 음악 파일을 PC로 옮길 때 사용합니다.
▶ 회사에서 용량이 큰 작업 파일을 실시간으로 주고받을 때 사용합니다.
▶ 대용량 파일을 공유해야 하는데 모바일 데이터가 없거나 인터넷 연결이 힘들 때 사용합니다.
▶ 그 외에 파일을 보내고 싶은 모든 순간에 사용합니다.

memo

- 스마트폰에서 파일 전송하기

1️⃣ [play스토어]에서 ① [샌드애니웨어]를 검색하여 ② [설치]를 터치합니다.
2️⃣ [샌드애니웨어]를 실행하기 위해 [열기]를 터치합니다. 3️⃣ 샌드애니웨어를 사용하기 위해 약관 동의와 개인정보 처리방침에 동의하고 [확인]을 터치합니다.

  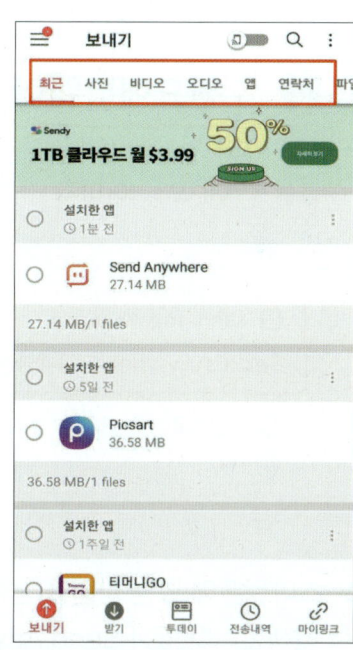

1️⃣ 저장공간 접근 권한을 허용하기 위해 [다음]을 터치합니다. 2️⃣ 기기의 사진, 미디어, 파일에 액세스하도록 [허용]을 터치합니다. 3️⃣ 샌드애니웨어는 다양한 메뉴가 있어 그 파일 형식에 따라 선택하여 전송할 수 있습니다.

1 ① 상단 메뉴 중 [사진]을 터치합니다. ② 전송할 [사진]을 선택한 다음 ③ 하단 [보내기]를 터치합니다. **2** [숫자 6자리, QR 코드, 링크 공유, 주변기기 찾기] 등 다양한 방법으로 전송 가능합니다.

3 ① [전송내역] 화면에서 ② 전송된 파일을 확인할 수 있습니다.

- 스마트폰에 있는 자료를 PC에 저장하기

▶ 스마트폰에 있는 파일을 전송받기 위해 PC에서 네이버 검색창에 ① [샌드애니웨어]를 입력하고 검색합니다. ② [Send Anywhere- 대용량 파일 전송]을 클릭합니다.

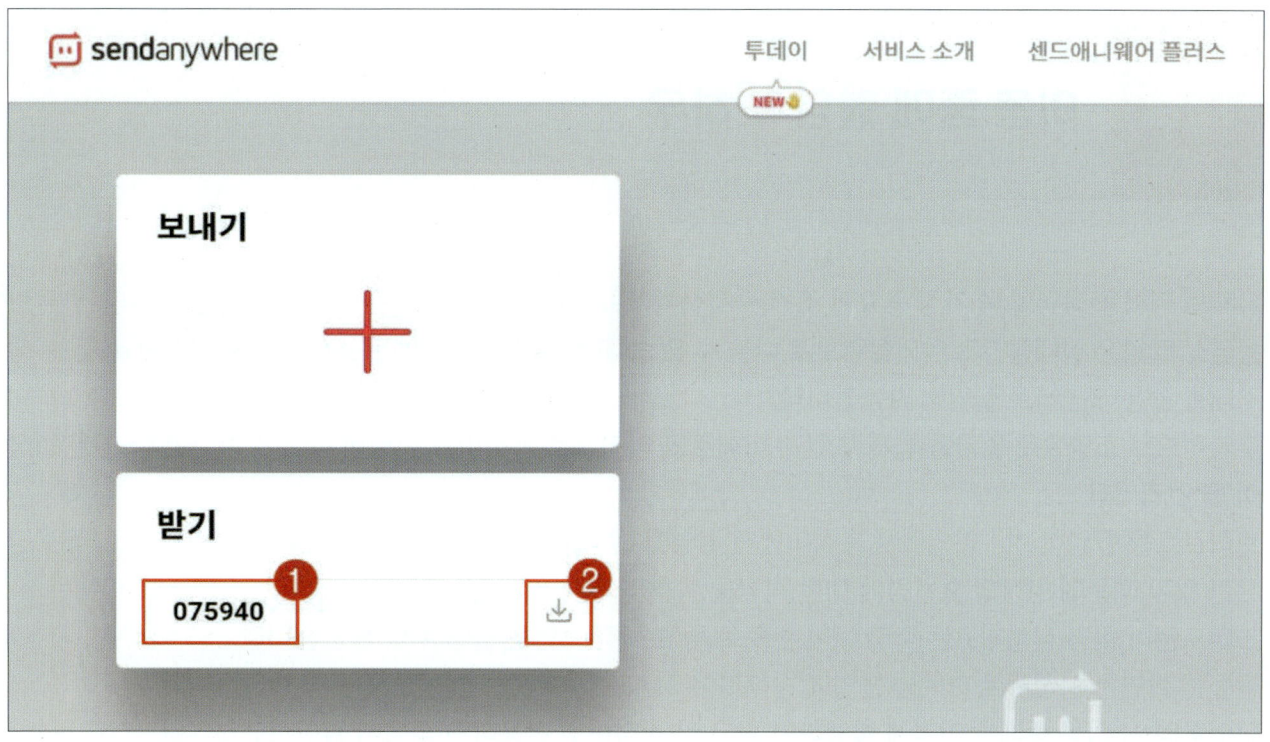

▶ 샌드애니웨어 첫 화면 받기 ① [키 또는 링크 입력] 부분에 스마트폰에서 받은 [숫자 6자리]를 입력하고 ② [다운로드] 아이콘을 클릭합니다.

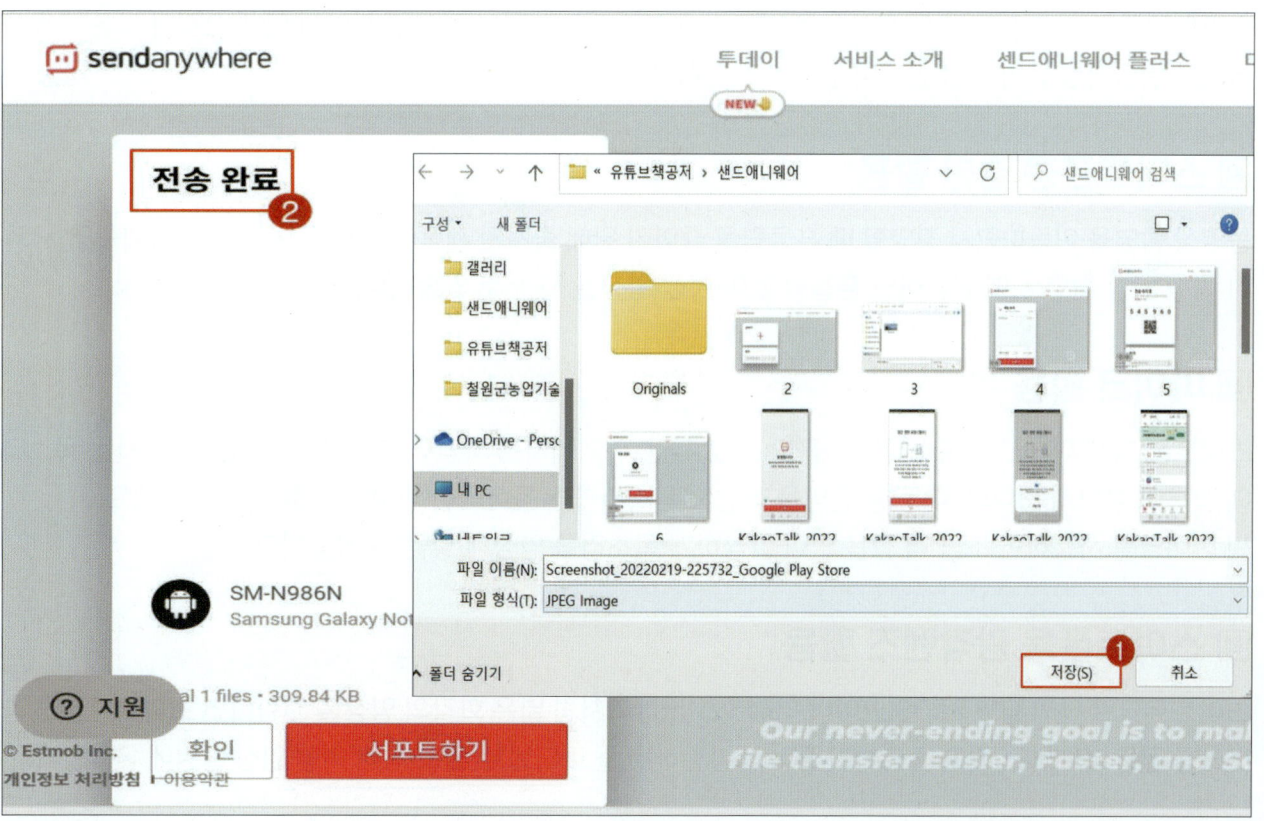

▶ 스마트폰에서 전송한 파일을 PC에 저장할 위치를 정한 다음 ① [저장]을 클릭합니다.
② 샌드애니웨어에서 [전송 완료]를 확인할 수 있습니다.

13강 이동 중에 촬영 노하우

유튜브 영상을 촬영할 때 가장 중요한 조건은 시청자가 보기에 불편함이 없는 영상 제작일 것입니다. 유튜브 동영상 촬영은 실내촬영과 야외촬영으로 나눌 수 있습니다. 실내촬영 시에는 스마트폰을 거치할 수 있는 삼각대를 활용하면 바로 촬영이 가능합니다.

추가적으로 조명으로 얼굴을 입체감 있게 비춰주고 마이크로 목소리를 선명히 나오게 한다면 더 좋은 영상이 될 것입니다.

브이로그를 촬영하거나 야외에서 움직이면서 촬영을 할 때는 촬영자 본인이 직접 스마트폰을 들고 찍는 경우가 많기 때문에 영상의 흔들림에 대한 걱정을 항상 하면서 찍게 됩니다.

스마트폰이 촬영 장비치고는 작다 보니 손으로 들고 찍다 보면 흔들릴 수밖에 없습니다.

흔들린 화면은 시청자로 하여금 몰입에 방해를 주기 때문에 유튜브 영상으로는 좋지 않습니다.

야외촬영 시 이동 중에는 어떻게 촬영하면 좋고 어떤 장비를 활용하면 좋을지 알아보겠습니다.

◼ 안정된 자세

이동 중 촬영 시 가장 신경 써야 할 부분은 가능한 카메라가 흔들리지 않게 안정된 자세로 찍는 것입니다. 스마트폰을 두 손으로 잡고 양 팔꿈치를 옆구리에 최대한 밀착시켜 팔이 움직이지 않게 고정한 다음 무릎을 굽히고 뒤꿈치를 들어 발을 쓸듯이 앞으로 천천히 나아가며 촬영합니다.

◼ 스마트폰용 짐벌 활용

동영상 촬영을 이동하면서 촬영할 때 흔들림을 줄이기 위해 출시된 제품이 바로 짐벌입니다. 야외촬영 시 특히 여행 영상 촬영 시에 활용하면 흔들림 없이 멋진 영상을 찍을 수 있습니다.

◼ 마이크 활용

스마트폰 자체 마이크로 목소리를 녹음할 수 있지만, 야외에서는 바람이 불거나 시끄러운 곳에서는 목소리에 잡음이 섞이게 됩니다. 이동 중 촬영을 하면서 목소리를 녹음하려면 핀 마이크를 활용해 보세요.

핀 마이크를 사용하면 조금 더 잡음 없이 깔끔하게 목소리를 영상에 넣을 수 있습니다.

◼ 스마트폰용 광각렌즈 활용

스마트폰으로 야외 촬영 시 DSLR이나 미러리스 카메라처럼 넓은 화각의 영상을 원한다면 스마트폰용 광각렌즈를 활용해보세요. 작고 휴대하기 좋아서 간편하게 들고 다닐 수 있고 특히 여행 영상 촬영에 유용합니다.

▣ 보조배터리 & 외장하드 활용

여행 영상 촬영 시 스마트폰으로 지속해서 촬영하다 보면 배터리가 평상시보다 더 많이 소모되고 충전할 시간적 여유가 없을 수도 있기 때문에 보조배터리를 휴대하시기 바랍니다.

또한 요즘 스마트폰은, FHD는 물론 4K 영상의 고화질 동영상을 촬영할 수 있게 되면서 영상 하나의 용량이 많이 커졌습니다. 그러기 때문에 저장공간이 부족할 수 있으니 외장하드를 들고 다니면서 데이터 백업을 해두시기를 권합니다.

QR-CODE를 스캔하시면 [이동 중에 촬영 노하우]에 대한 자세한 영상을 보실 수 있습니다.

---

memo

14강 조명 활용 노하우

빛은 동영상의 선명도를 높이고 색상을 풍부하게 담기기 때문에 빛을 적극적으로 활용하는 것이 좋습니다. 조명은 뷰티 크리에이터나 라이브 스트리밍을 하는 유튜브 크리에이터에게 특히 중요합니다. 편집 프로그램에서 필터로 효과를 넣을 수 있겠지만 조명을 이용하면 자연스럽게 보일 수 있습니다.

▣ 조명의 개수

조명은 LED 등 2개를 사용하여 양쪽에서 45도 각도로 조사하는 것이 좋습니다. LED 빛 자체가 직진성을 띄고 있어 1개의 등만 조사하면 우리 얼굴은 굴곡이 있기 때문에 그림자가 질 수 있고 평면으로 보입니다. LED 조명 2개를 활용하면 얼굴에 입체감이 살아나게 됩니다.

▣ 삼점 조명

전통적으로 인물을 조명하기 위해 사용하는 조명기법이 삼점 조명입니다. 사진, 영화, 컴퓨터그래픽 등의 분야에 널리 쓰이고 있는 기법입니다. 삼점 조명은 주된 광선인 주광 키라이트, 그림자를 완화하는 보조광 필라이트, 인물을 배경과 분리하는 역광 백라이트로 이루어집니다.

▶ 키라이트 (key light) : 피사체를 비추는 가장 강한 조명으로 전체 조명디자인을 결정합니다.
  피사체의 좌우 45도, 상위 45도에 위치하며, 야외 촬영 시에는 태양이 키라이트가 됩니다.

▶ 필라이트 (fill light) : 키라이트에 의해 생긴 그림자 부분을 없애거나 부드럽게 만들기 위해 사용되는 보조광선입니다. 키라이트보다 약하고 부드러우며 낮은 위치에 놓입니다.

▶ 백라이트 (back light) : 키라이트의 반대 방향에서 비춘 조명으로 피사체를 배경과 분리해 입체감을 만들어 주는 역할을 합니다.

▣ 조명의 배치

조명은 위에서 아래로 45도 각도로 조사하는 것이 눈높이 바로 앞에서 조사하는 것보다 자연스러워 보입니다. 영상 제작에서 가장 좋은 조명은 자연광입니다. 태양은 항상 우리 머리 위에 있기 때문에 빛이 머리 위에서 조사되는 것에 우리는 가장 자연스럽고 익숙하다는 느낌을 받습니다.

▣ 조명의 색온도

백라이트를 사용하면 인물과 배경이 분리되어 더욱더 입체적이고 인물을 예뻐 보이게 합니다.
색온도는 정면에서는 5,600K 백색, 백 라이트는 3,200K 노란빛을 조합하면 부드럽고 포근하고 따뜻한 콘텐츠 연출이 가능합니다.

▣ 링 조명 활용

2개의 조명이 부담된다면 사각 LED 링 조명을 활용해 보세요. 링 형태의 LED 빛은 부드럽고 넓게 조사됩니다. LED는 직진성이 강하여 사각 LED 조명보다 원형 조명 하나로 촬영하면 그림자의 사각이 덜 생기게 됩니다. 특히 뷰티 크리에이터 및 여성 크리에이터가 하나의 조명으로 촬영한다면 링 조명을 추천합니다.

QR-CODE를 스캔하시면 [조명 활용 노하우]에 대한 자세한 영상을 보실 수 있습니다.

memo

15강 무료 음악 다운받기

▣ 브레이브 브라우저

▶ 브레이브 웹 브라우저는 광고 및 추적기를 차단하여 안전하고 웹 페이지 로딩 속도를 빠르게 합니다.
▶ 개인정보 보호와 광고 차단에 특화된 브라우저입니다.
▶ PC와 스마트폰에서 모두 사용할 수 있으며, 안드로이드, iOS 모두 사용 가능합니다.
▶ 유튜브 외에 다양한 웹 사이트에서 음악과 동영상을 다운로드 할 수 있습니다.
▶ 광고 없이 유튜브를 볼 수 있으며 유튜브 음악과 동영상을 무료로 다운로드할 수 있습니다.
▶ 백그라운드 재생: 스마트폰 화면이 꺼져도 음악과 동영상이 재생됩니다.

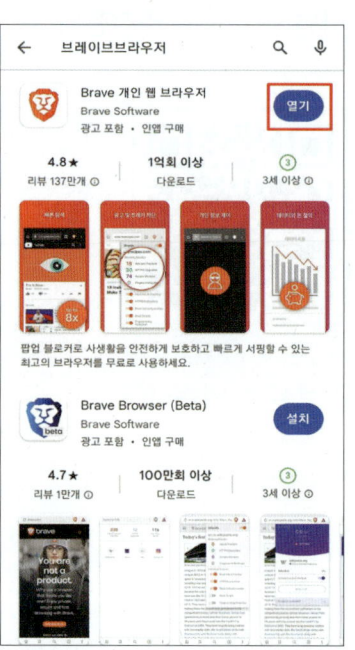  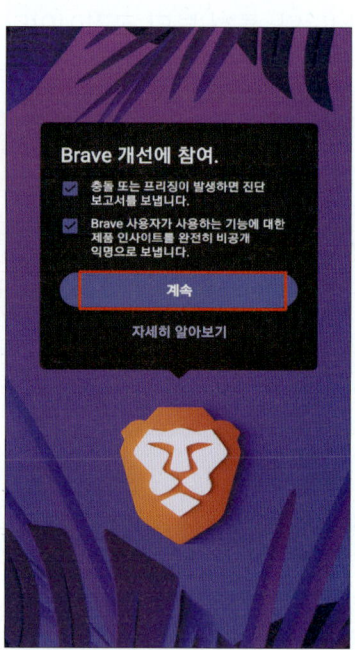

1 [Play 스토어] 검색창에 브레이브 브라우저 입력 후 설치되면 [열기]를 터치합니다.
2 [나중에]를 터치합니다.
3 Brave 개선에 참여하기에 [계속]을 터치합니다.

1️⃣ 광고 없이 빠르게 볼 수 있다는 팝업창이 보입니다. 팝업창 밖 빈 공간을 터치합니다.
2️⃣ 검색창에 [youtube.com]을 입력합니다.
3️⃣ 검색창 [돋보기 모양]을 터치합니다.

  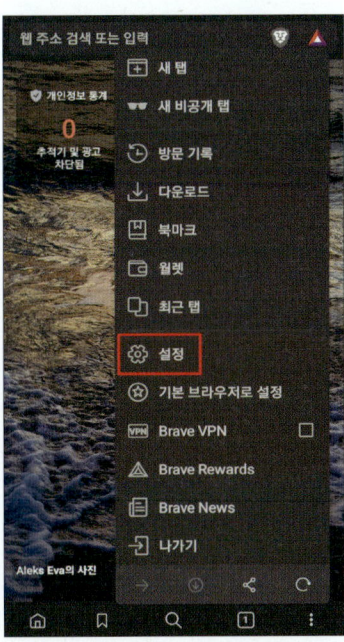

1️⃣ 유튜브 검색창에 원하는 영상 ① [스마트폰강사 세리쌤] 입력하면 ② [관련 영상]을 터치합니다.
2️⃣ 유튜브에서 광고 없이 영상을 바로 볼 수 있습니다. 이번에는 스마트폰 화면을 닫아도 백그라운드에서 오디오로 재생하는 방법입니다. 하단의 [점 3개]를 터치합니다.
3️⃣ [설정]을 터치합니다.

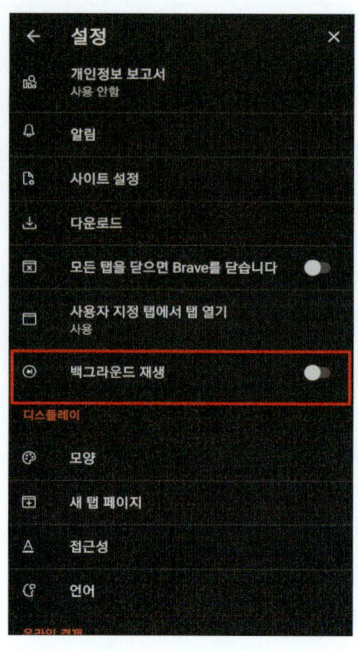 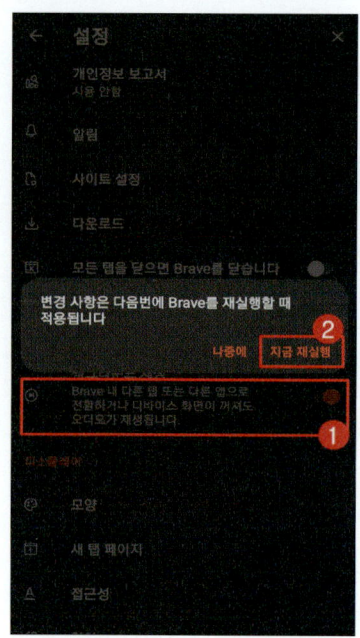 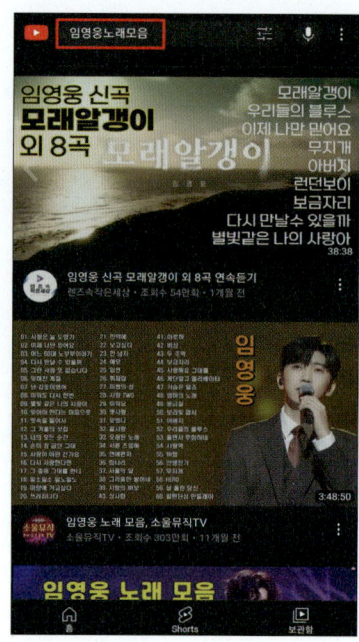

1 [백그라운드 재생]을 터치합니다.
2 ① [백그라운드 재생 ON] 확인 후 ② [지금 재실행]을 터치합니다.
3 임영웅 노래를 백그라운드에서 재생해 보겠습니다. [임영웅 노래모음]을 입력합니다.

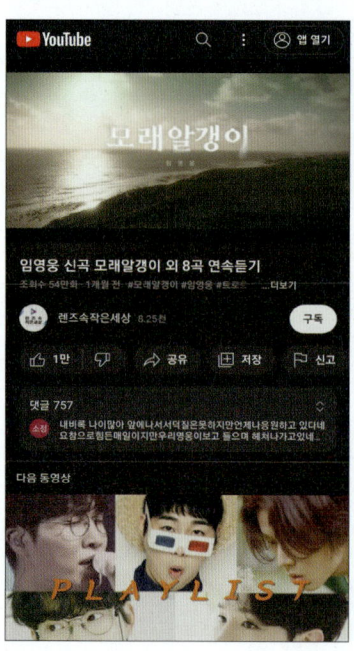 

1 임영웅의 모래 알갱이 영상이 광고 없이 바로 재생됩니다.
2 Brave 내에서 다른 탭 또는 다른 앱으로 전환하거나 디바이스 화면이 꺼져도 [오디오 백그라운드 재생]으로 어느 화면이나, 잠금화면에서도 오디오로 편리하게 즐길 수 있습니다.

◘ y2mate.com

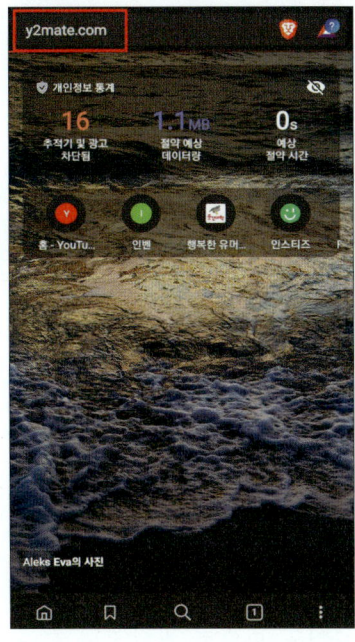 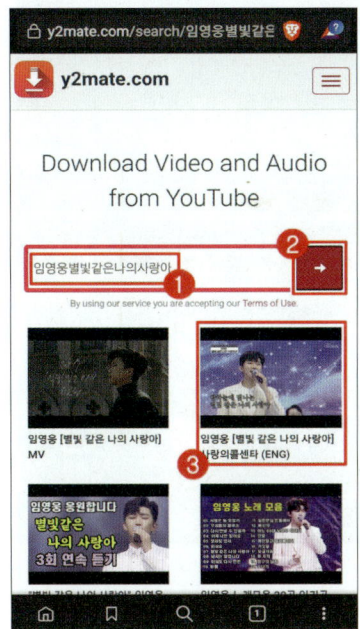 

❶ 내가 원하는 음악과 동영상을 다운받기 위해 첫 번째 방법으로 브레이브 브라우저 검색창에 [y2mate.com]을 입력합니다. ❷ ① 내가 원하는 영상 [임영웅 별빛 같은 나의 사랑아] 입력 후 ② [→]를 터치합니다. ③ 원하는 영상을 선택합니다. ❸ ① [Video]는 동영상을 다운받을 수 있습니다. ② [Audio]는 음악을 다운로드합니다. ③ 화면을 위로 드래그하면 아래 더 많은 화면이 보입니다.

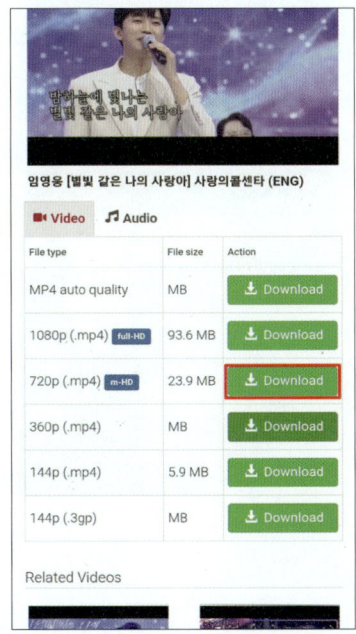 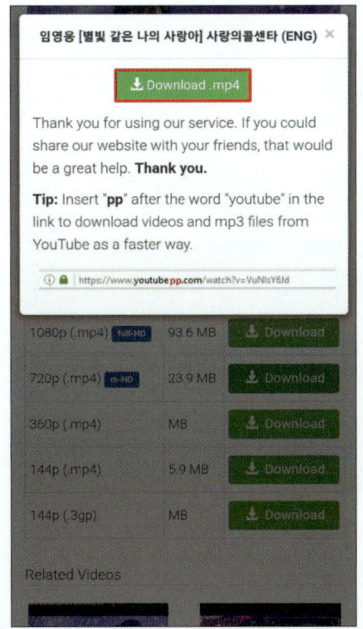 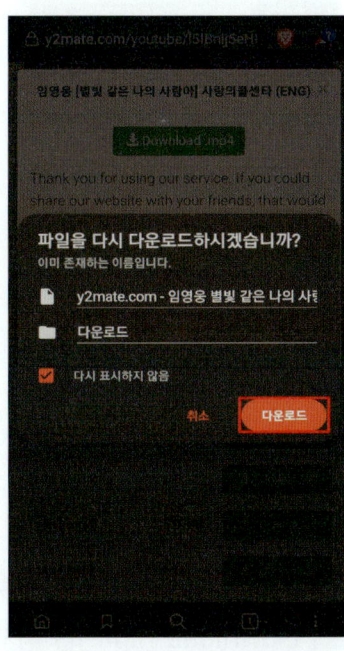

❶ 원하는 파일 타입 및 크기를 선택 후 [Download]를 터치합니다.
❷ [Download.mp4]를 터치합니다. ❸ 다운로드 위치 확인 후 [다운로드]를 터치합니다. 갤러리와 내 파일에서 확인하실 수 있습니다.

1️⃣ 이번에는 유튜브에서 무료 음악과 동영상을 다운받는 두 번째 방법입니다. 원하는 영상을 재생시킨 후 영상 하단에 [공유]를 터치합니다. 2️⃣ [링크 복사]를 터치합니다.

3️⃣ ① y2mate.com 검색창에 복사한 링크를 [붙여넣기] 하면 하단에 ② [선택한 영상]이 나타납니다.

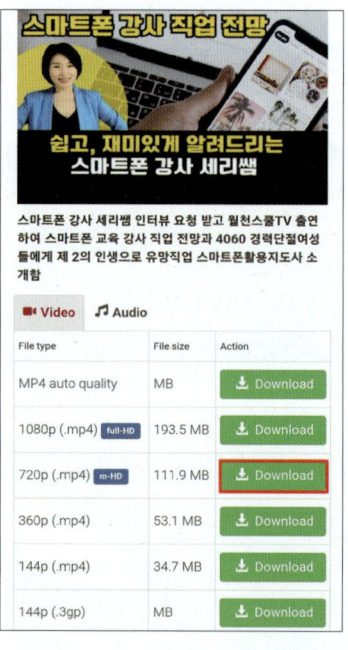 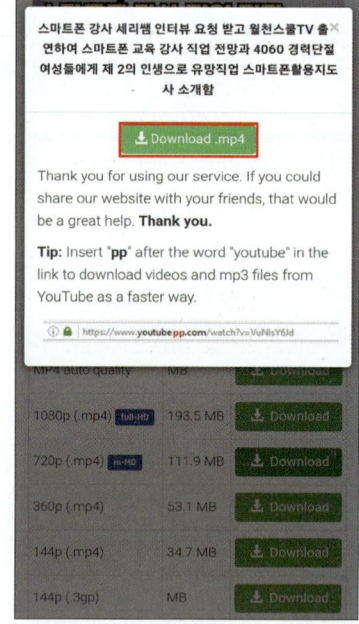 

1️⃣ 원하는 파일 타입 및 크기를 선택 후 [Download]를 터치합니다.
2️⃣ [Download.mp4]를 터치합니다. 다운로드 파일은 내 파일에 저장됩니다.
3️⃣ [백그라운드 재생]으로 스마트폰 잠금화면 또는 어느 화면에서 오디오를 즐길 수 있습니다.

■ PC에서 음악 및 동영상 쉽고 빠르게 다운받기

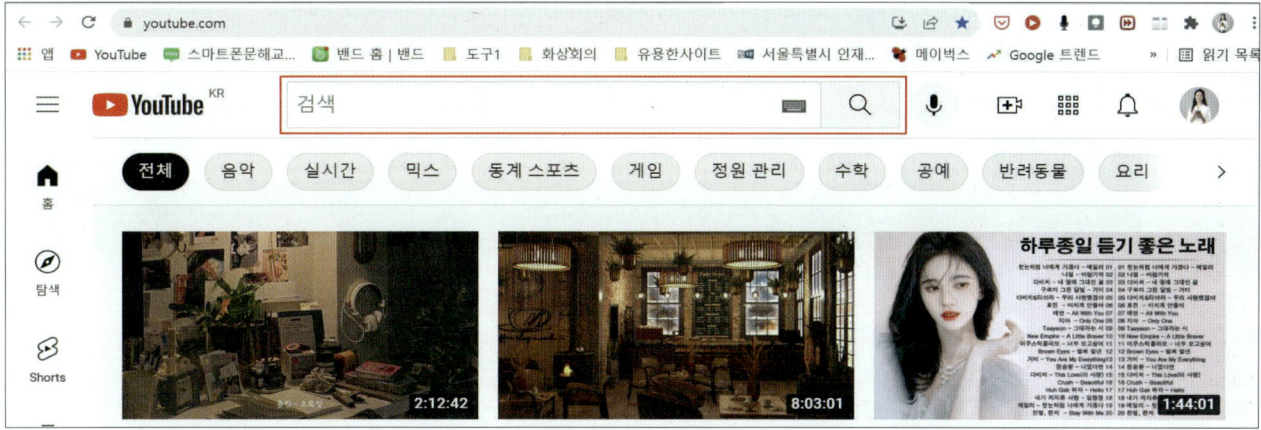

▶ PC 크롬 브라우저에서 [유튜브]를 열고 검색창에 다운받을 영상을 [검색]합니다.

▶ [무료음악소스]를 검색해서 다운받을 영상을 클릭합니다. 필터를 사용하면 검색이 편리합니다.

▶ 상단의 유튜브 주소 뒤에 [pp]를 붙여 [www.youtubepp.com]을 입력합니다.

▶ [www.youtubepp.com~] 주소를 확인하고 클릭합니다.

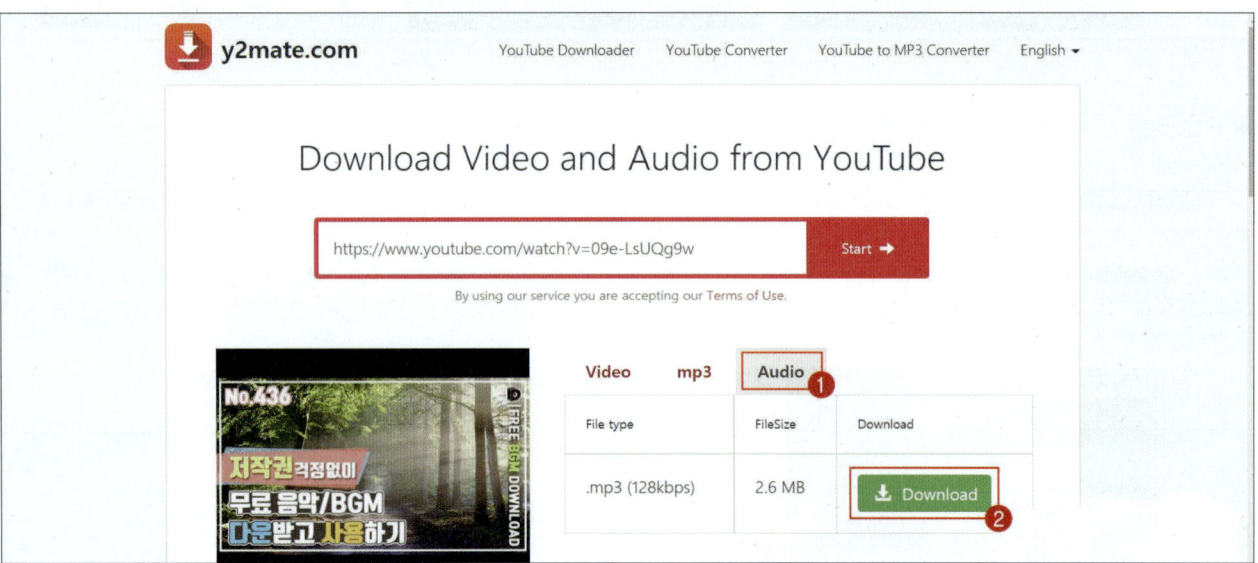

▶ ① 영상 다운로드는 [Video]에서 음악 다운로드는 [Audio]에서 다운받습니다.
　② [Download]를 클릭합니다.

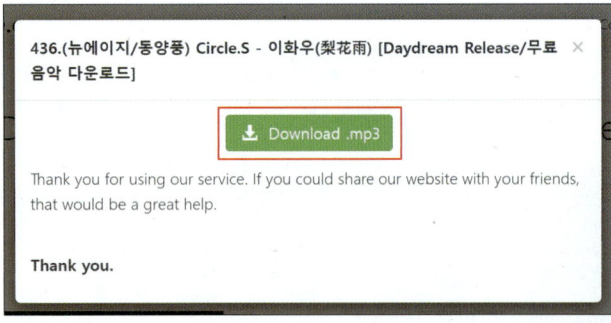 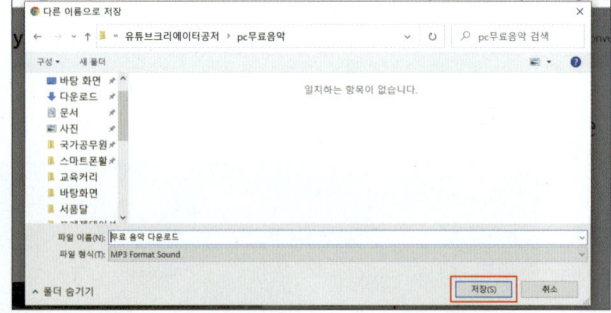

1 다운로드 팝업창에서 다시 한번 [Download.mp3]를 클릭합니다.
2 음악을 다운로드 할 폴더를 지정한 후 [저장]을 클릭합니다.

16강 무료 콘텐츠 활용하기

◼ 픽사베이(pixabay) - 무료 이미지

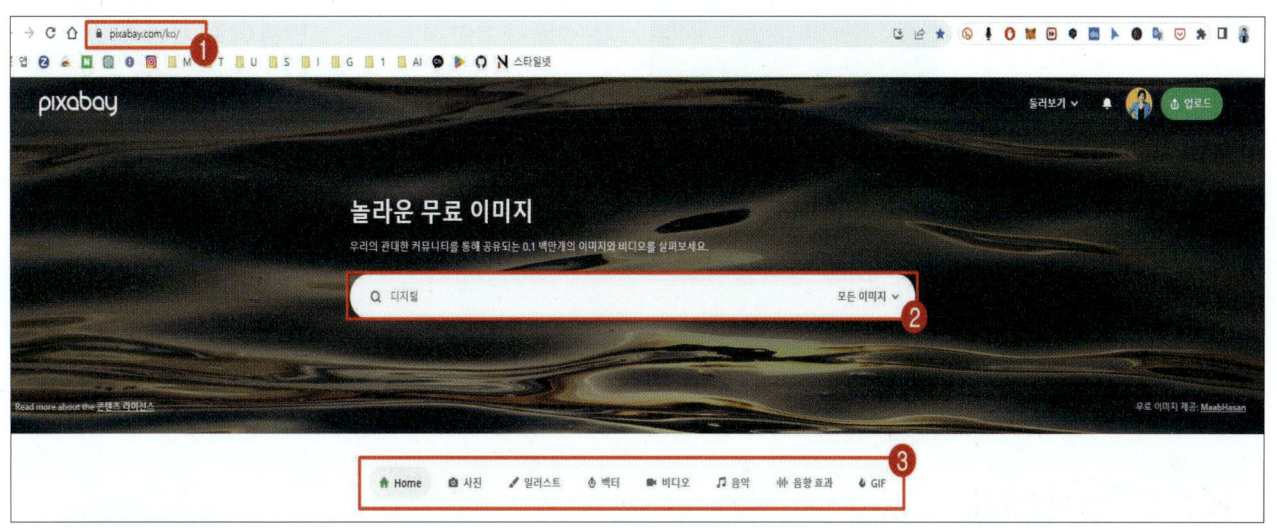

▶ ① 인터넷 브라우저에서 [pixabay.com]을 입력한 후 엔터키를 누릅니다.
② 검색창에 키워드를 [디지털] 입력하여 원하는 이미지를 찾을 수 있습니다.
③ [사진, 일러스트, 벡터, 비디오, 음악, 음향효과, GIF]에서 검색하고자 하는 카테고리를 선택합니다.

▶ ① 검색할 키워드 [디지털]을 입력하고 엔터키를 누릅니다. ② [다운로드]를 클릭합니다.
③ [다운로드]를 클릭합니다. 다운로드된 이미지는 컴퓨터 다운로드 폴더에 저장이 됩니다.

눈누(noonnu.cc) - 무료 폰트

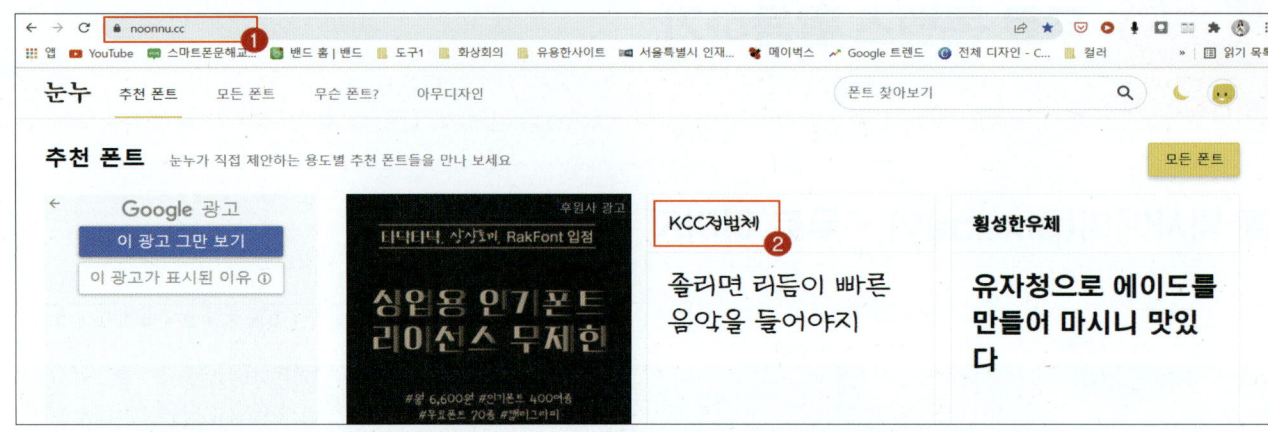

▶ ① 인터넷 주소창에 [noonnu.cc]를 입력하고 엔터키를 누릅니다.
② 다운받을 폰트 [KCC정범체]를 클릭합니다.

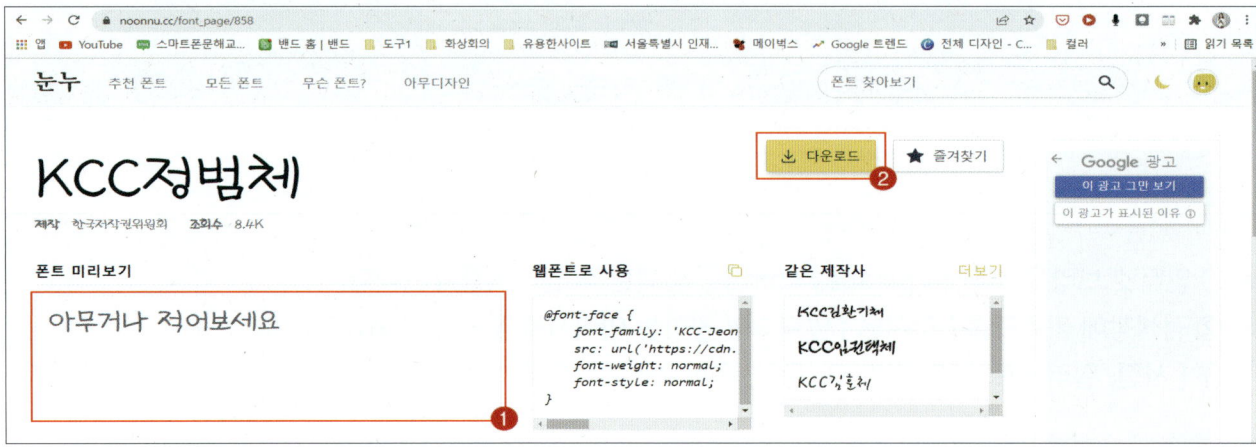

▶ ① [폰트 미리보기]에서 글씨를 입력하여 글씨를 확인합니다. ② [다운로드]를 클릭합니다.

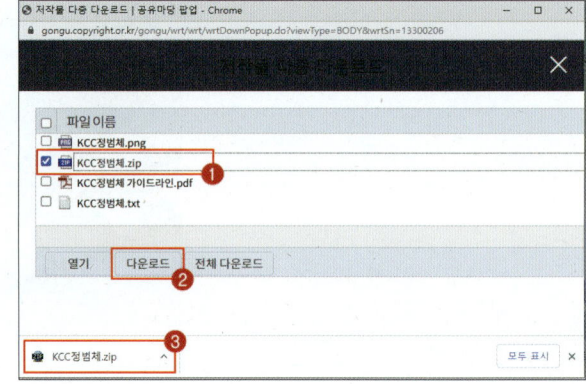

1 [공유저작물 다운로드]를 클릭합니다. 2 ① [KCC정범체.zip] 파일을 선택합니다. ② [다운로드]를 클릭합니다. ③ 다운받아진 압축파일을 풀어서 내 컴퓨터에 저장해서 [설치]합니다.

◪ 플랫아이콘(flaticon) - 무료 아이콘

▶ ① 인터넷 주소창에 [flaticon.com]을 입력한 후 엔터키를 누릅니다.
　② 검색할 [아이콘 키워드]를 입력해서 원하는 아이콘을 찾을 수 있습니다.
　③ 화면을 아래에서 위로 올리면서 검색할 수 있습니다.

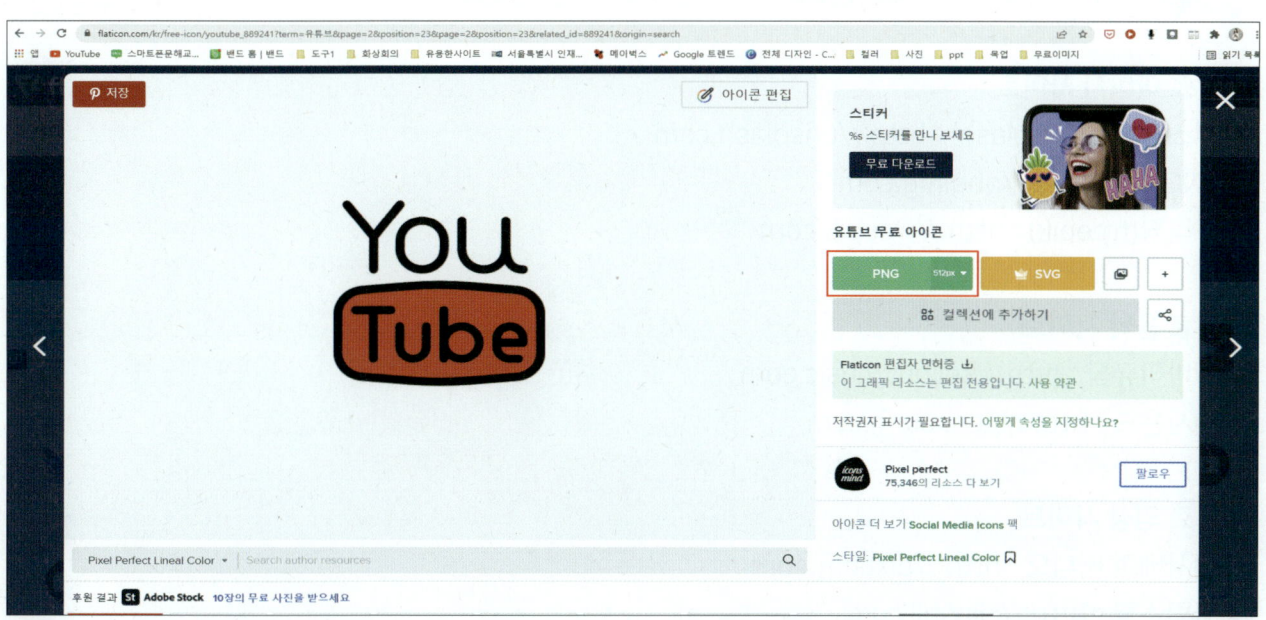

▶ [유튜브] 아이콘 우측의 [PNG]를 클릭해서 다운받을 아이콘을 내 컴퓨터 다운로드 폴더에 저장합니다.

■ 유튜브 스튜디오 오디오 보관함 - 무료 음악

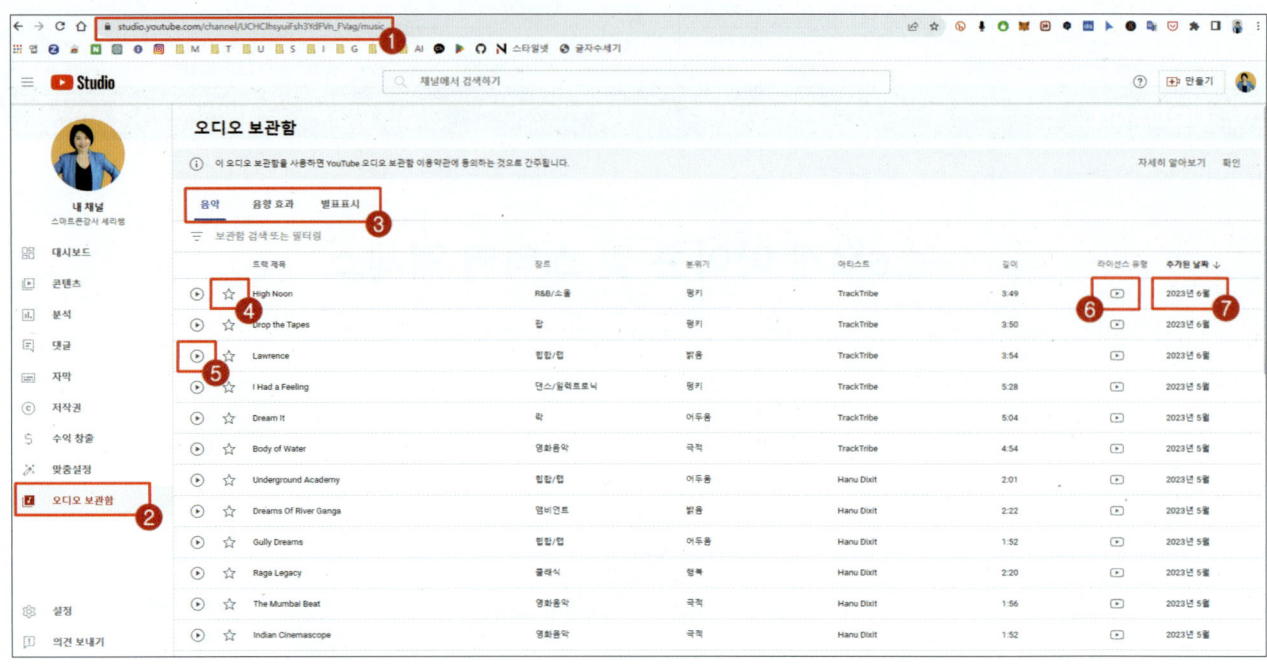

▶ ① 인터넷 주소창에서 [studio.youtube.com]을 입력하고 엔터키를 누릅니다. ② [오디오 보관함]을 클릭합니다. ③ [무료 음악, 음향 효과]를 선택합니다. ④ [별표 표시]로 즐겨찾기에 추가할 수 있습니다. ⑤ 음악을 [재생]할 수 있습니다. ⑥ [라이센스 유형]을 볼 수 있습니다. ⑦ 날짜를 클릭하면 무료로 음악을 [다운로드]받을 수 있습니다. 다운로드된 음악은 내 컴퓨터 다운로드 폴더에 저장됩니다.

 **기타 무료 사이트 참고**

◆ 무료 이미지 사이트
❶ 언스플래쉬(unsplash) : http://unsplash.com
❷ PNGIMG : http://pngimg.com
❸ 프리픽(freepik) : http://freepik.com

◆ 무료 음악 사이트
❶ 셀바이뮤직 : http://sellbuymusic.com
❷ 벤사운드 : http://bensoung.com

◆ 무료 영상 사이트
❶ 픽사베이 비디오 : http://pixabay.com
❷ 클립스틸 : http://clipstill.com

◆ 무료 폰트 사이트
❶ 어비폰트 : http://uhbeefont.com
❷ 산돌구름 : http://sandollcloud.com

17강 스마트폰에서 인트로 및 클로징 영상 만들기

▣ 수백만원짜리 영상 캔바 어플에서 쉽고 빠르게 만들기

Canva는 다양한 전문디자이너의 템플릿을 이용하여 누구나 쉽게 디자인을 할 수 있도록 도와주는 강력한 그래픽 디자인 플랫폼입니다.

▶ 포스터, 문서, SNS콘텐츠, 배너, 인쇄물, 웹사이트, 프레젠테이션 등 다양한 용도로 사용 가능합니다.
▶ 디자인에 대한 전문 지식이 없어도 고품질의 디자인을 쉽게 만들 수 있습니다.
▶ 캔바는 클라우드 방식으로 따로 저장하지 않아도 어디에서든 편리하게 사용 가능합니다.
▶ 팀워크를 위한 협업 기능으로 업무 효율을 높일 수 있습니다.
▶ PC, 태블릿, 스마트폰 등 다양한 장치에서 사용 가능합니다.
▶ 저작권 걱정 없는 무료 디자인 툴입니다.
▶ 무료와 유료 버전을 함께 제공합니다.
▶ 인공지능 AI기능 탑재로 더욱더 다양한 기능들이 업데이트되고 있습니다.

 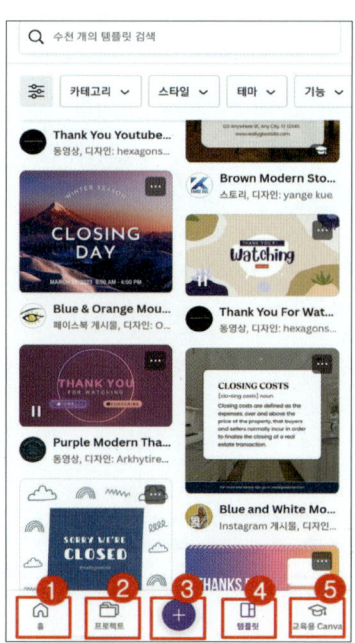 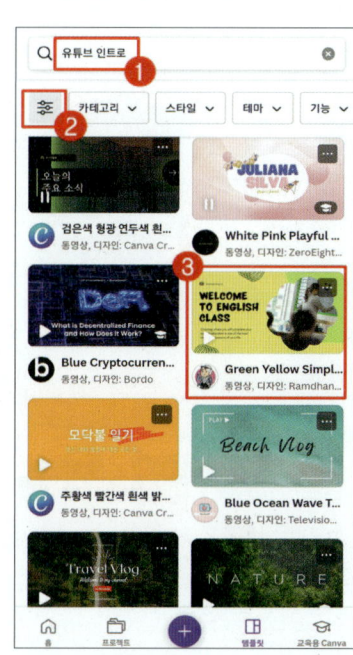

1️⃣ [구글 Play 스토어] 검색창에 캔바 입력 후 설치되면 [열기]를 터치합니다. 캔바 이용 약관에 [동의] 후 [Google 계정으로 계속하기]를 선택하여 로그인합니다. 2️⃣ ① [홈] 메인화면입니다. ② [프로젝트]에서 내가 만든 디자인을 확인할 수 있습니다. ③ [+]를 터치하여 템플릿 또는 요소, 이미지 등을 선택할 수 있습니다. ④ [템플릿] 전문디자이너가 만든 작품을 선택하여 만들 수 있습니다. ⑤ [왕관] 모양은 유료 사용자가 사용할 수 있습니다. 3️⃣ ① [유튜브 인트로]를 검색 후 [필터]에는 다양한 디자인의 카테고리를 적용할 수 있습니다. ③ 내가 원하는 [템플릿]을 선택합니다.

1 ① [배경]을 변경할 수 있습니다. ② [색상]을 터치합니다.
2 ① [화살표]를 위로 올리면 다양한 색상을 볼 수 있습니다. ② [멀티 팔레트]를 터치합니다.
3 원하는 색상을 선택하면 위에 배경색이 변경됩니다.

1 ① [텍스트]를 변경할 수 있습니다. ② [편집]을 터치합니다.
2 ① 다양한 글꼴로 [텍스트]가 변경됩니다. ② [화살표]를 위로 올리면 다양한 글꼴을 사용할 수 있습니다. 3 [글꼴 크기]를 조절할 수 있습니다.

  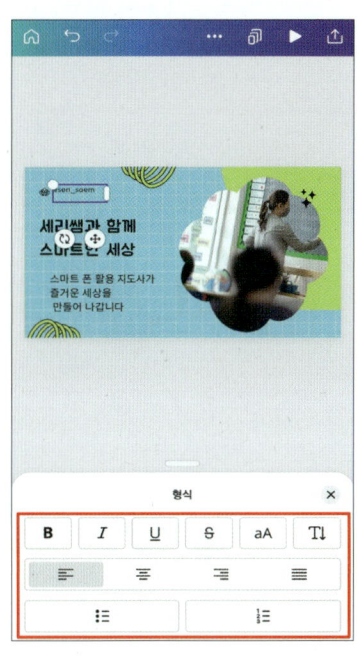

1 텍스트의 [색상, 형식, 간격, 효과] 등을 적용할 수 있습니다.
2 [글자 간격, 줄 간격]을 조절할 수 있습니다.
3 [글자 형식]을 다양하게 변경할 수 있습니다.

1 ① [동영상]을 선택하여 ② [바꾸기]를 터치합니다.
2 갤러리에서 ① [동영상]을 터치한 후 변경하고자 하는 ② [동영상]을 선택합니다.
3 동영상이 변경되었습니다. 하단에 영상을 [추가, 복제, 삭제, 분할] 등 다양한 편집 기능들이 있습니다.

1 커버 이미지도 변경할 수 있습니다. [바꾸기]를 터치합니다.
2 ① [이미지]를 터치 후 원하는 ② [이미지]를 선택합니다.
3 [필터]를 터치합니다.

1 이미지를 [다양한 필터]로 변경할 수 있습니다.
2 ① [요소]를 변경할 수 있습니다. ② [+]를 터치합니다.
3 ① [요소]를 터치합니다. ② 내가 원하는 키워드 [별]을 검색창에 입력합니다.
③ 내가 원하는 [별 모양]을 선택합니다.

1 요소 이미지를 터치합니다. ① [모서리]를 터치하여 크기를 수정할 수 있습니다.
② [자르기, 뒤집기, 애니메이션, 투명도] 효과를 적용할 수 있습니다.

2 ① [요소 이미지]를 터치합니다. ② 요소 이미지 [색상]을 터치합니다.

3 ① [원하는 색상]을 선택하면 ② [요소 이미지 색상]이 변경되었습니다.

 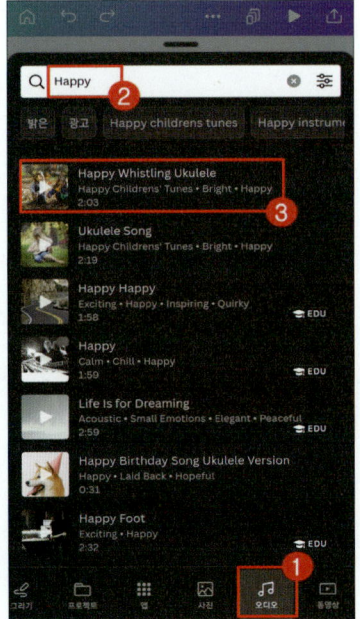 

1 음악을 선택하기 위해 [+]를 터치합니다.
2 ① [오디오]를 터치합니다. ② 검색창에 키워드 [Happy]를 입력합니다. ③ [음악]을 터치합니다.
3 ① [음악]이 추가되었습니다. ② 음악을 [바꾸기, 삭제, 복제, 비트씬, 조정] 등 효과를 적용할 수 있습니다.

  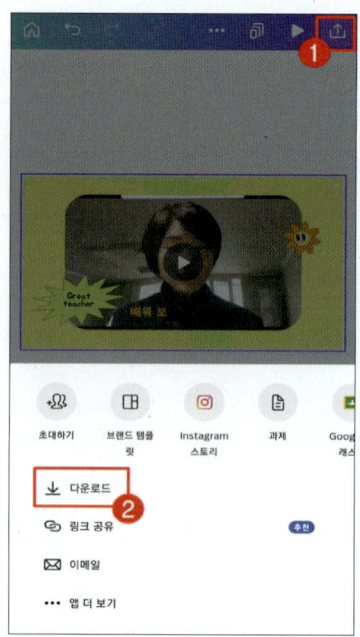

1 이미지와 음악을 [추가, 복제, 삭제, 분할] 등 효과를 적용하여 영상을 편집할 수 있습니다.
2 [재생] 버튼으로 동영상 Play로 최종 편집합니다.
3 ① 상단 내보내기 [↑]를 터치합니다. ② [다운로드]를 터치합니다.

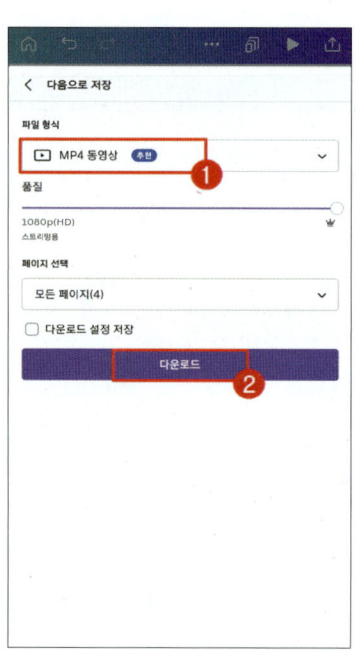 

1 파일 형식은 ① [MP4 동영상]을 터치합니다. ② [다운로드]를 터치합니다.
2 다운로드 중에는 앱을 닫지 말고 기다리면 다운로드 완료됩니다. 저장된 동영상은 갤러리와 내 파일에서 확인할 수 있습니다.

 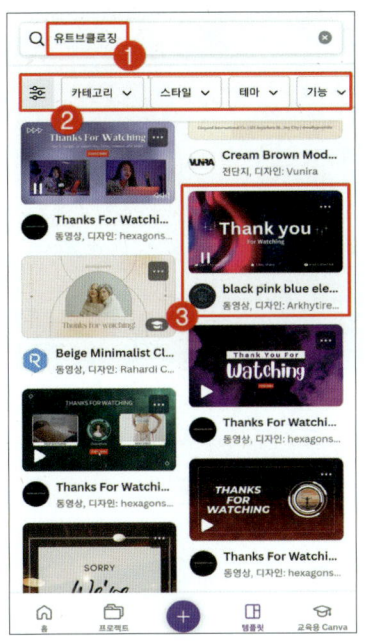 

1 홈 화면에서 검색창에 [유튜브 클로징] 입력합니다.

2 ① [유튜브 클로징] 입력 후 ② [필터]를 터치하여 다양한 카테고리를 적용할 수 있습니다.
③ 원하는 [템플릿]을 터치합니다.

3 선택한 유튜브 클로징 템플릿에 텍스트와 요소들을 변경할 수 있습니다.

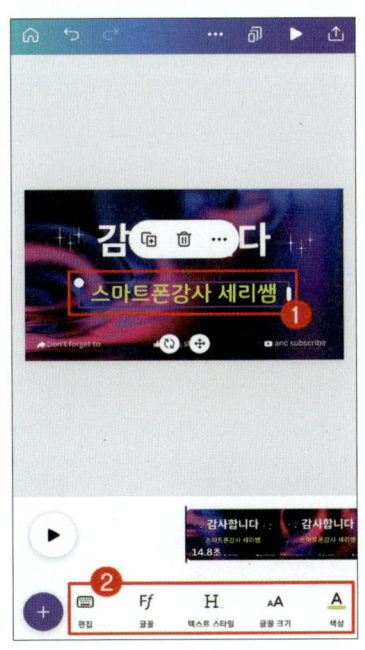 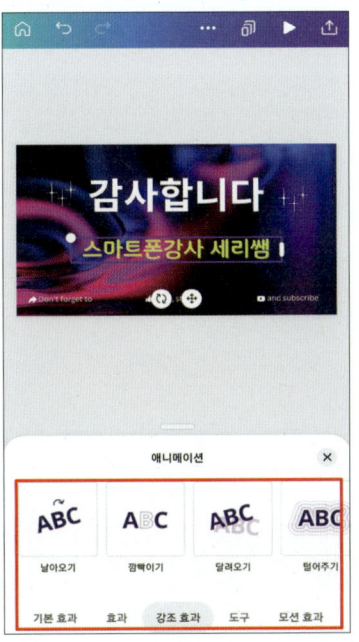 

1 ① [텍스트]를 터치합니다. ② [편집, 글꼴, 텍스트 스타일, 글꼴 크기, 색상] 등 효과를 적용할 수 있습니다. 2 [애니메이션]의 다양한 기능을 활용할 수 있습니다.

3 ① 요소를 변경하기 위해 [요소 이미지]를 터치 후 ② [+]를 터치합니다.

  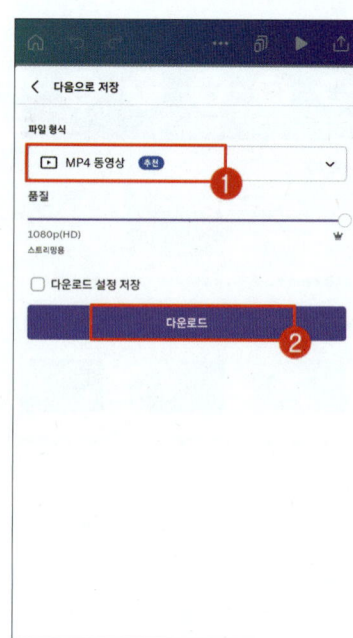

1️⃣ ① [요소]를 터치합니다. ② 검색창에 키워드 [유튜브 좋아요] 입력합니다. ③ 원하는 요소를 [선택] 합니다. 2️⃣ 모두 완성되면 상단에 ① 내보내기 [↑]를 터치합니다. ② [다운로드]를 터치합니다.
3️⃣ ① 파일 형식 [MP4 동영상]을 터치합니다. ② [다운로드]를 터치합니다. 저장된 동영상은 갤러리와 내 파일에서 확인할 수 있습니다.

18강 스마트폰 동영상 편집 앱 활용하기

◨ 키네마스터 KINEMASTER(7.1.4버전)

[키네마스터] 앱(애플리케이션)은 스마트폰을 활용하여 빠르고 쉽게 영상을 제작할 수 있는 동영상 편집기입니다. 키네마스터에서 제공하는 다양한 템플릿을 이용해 사용자가 원하는 영상을 제작할 수 있습니다. 마음에 드는 템플릿을 다운받고 다양한 그래픽과 오디오 효과에 내 동영상과 이미지를 넣기만 하면 유용하고 세련된 영상을 제작할 수 있습니다. 현재 전 세계의 많은 유튜브, 틱톡, 인스타그램 크리에이터들과 저널리스트, 교사, 마케터들이 키네마스터를 이용하고 있습니다. 현재 약 6억 건 이상 다운로드되어 활용되고 있습니다.

- 투명 배경으로 동영상을 만들고 저장할 수 있습니다.
- 비디오와 이미지를 고해상도로 업스케일할 수 있습니다.
- Pexels 스톡 비디오와 이미지 라이브러리를 미디어 브라우저에서 검색하여 편집에 사용할 수 있습니다.
- 저작권 걱정 없이 수천 개의 음악과 효과음을 사용할 수 있습니다.
- 동영상 자르기, 비디오 트림, 동영상 분할, 동영상 합치기, 비디오 크로핑, 동영상 확대/축소 등을 할 수 있습니다.
- 팬 및 줌 기능에도 스냅핑을 사용할 수 있습니다.
- 자주 사용하는 에셋을 즐겨찾기에 추가해 두고 사용할 수 있습니다.
- 복수의 프로젝트를 선택해서 한 번에 삭제할 수 있습니다.
- 4K 60FPS까지의 비디오로 저장 후 유튜브, 인스타그램, 페이스북, 틱톡 등의 소셜 미디어에 공유 가능합니다.
- 편집 프로젝트를 내보내기 한 후 친구들과 팔로워들이 재사용하도록 공유, 또는 자신이 나중에 사용하기 위한 백업으로 활용할 수 있습니다.
- 편집한 프로젝트를 다른 사용자들이 아무 기기에서나 사용할 수 있도록 Mix에 템플릿으로 업로드 할 수 있습니다.
- 편집 프로젝트를 KineCloud에 저장하여 백업으로 사용할 수 있고, 다른 사람들과 협업을 위해 공유할 수 있습니다.
- 이 외에도 많은 기능과 옵션을 제공합니다.

◼ 키네마스터 설치하기(안드로이드 버전 13 기준)

모든 기능을 무료로 제공하고 있는 키네마스터를 Google Play와 Apple App store에서 다운로드하여 스마트폰으로 '나만의 멋진 동영상'을 제작하고, 편집하고, 공유해 보세요!

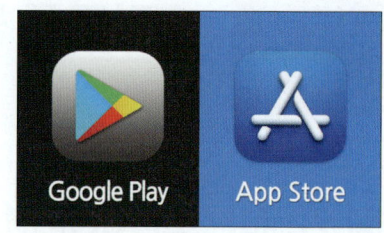

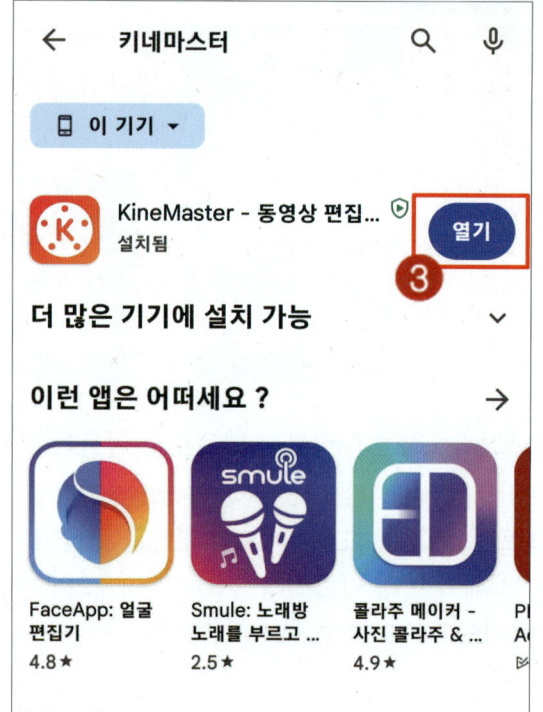

1 ① [구글 Play스토어]에서 키네마스터를 검색합니다. ② 키네마스터 앱이 검색되면 [설치] 버튼을 터치하여 앱을 설치합니다. **2** ③ 키네마스터 앱이 설치 완료되면 [열기] 버튼을 터치하여 앱을 엽니다.

■ 키네마스터 시작하기

키네마스터 앱을 실행하면 [영상 템플릿을 검색하시오]라는 첫 화면이 나옵니다. 템플릿을 이용해 쉽고 빠르게 영상을 만들 수 있도록 다양한 템플릿을 제공합니다. 키워드 및 카테고리로 검색하여 인트로 영상이나 홍보 영상을 쉽게 만들 수 있습니다.

이번 버전의 주요 기능으로는 믹스(Mix)라는 플랫폼에 사용자가 직접 제작한 동영상 템플릿을 공유하고 다른 사용자들이 자유롭게 다운로드 받을 수 있어 사용자들이 직접 소통하는 공간을 마련했습니다.

 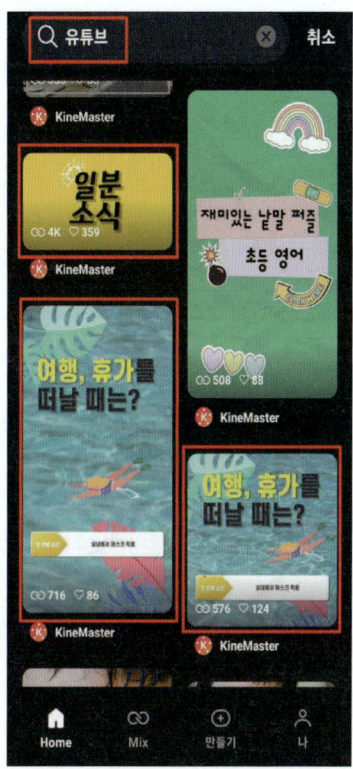 

1 ① [홈버튼] : 키네마스터의 메인 화면입니다. ② [믹스(Mix)] : 템플릿을 다운로드받아 프로젝트로 저장합니다. ③ [만들기] : 프로젝트 만들기(동영상 편집), ④ [나] : 계정 정보와 Mix에 업로드한 템플릿과 좋아요한 템플릿을 볼 수 있습니다. **2** 카테고리 중 유튜브를 선택합니다. **3** ① 홈에서 원하는 템플릿을 선택하면 영상 길이, 화면비율 등을 볼 수 있습니다. ② [믹스]를 누르면 프로젝트뿐만 아니라 필요한 에셋을 다운받을 수 있습니다.

---

memo 📝

◼ 키네마스터 인터페이스 1

① **종료** : 키네마스터 시작 화면으로 돌아감
② **이전 단계** : 실행 취소
③ **다음 단계** : 되돌리기
④ **캡처** : 캡처 후 저장, 캡처 후 클립으로 추가, 캡처 후 레이어로 추가
⑤ **프로젝트 설정** : 영상 편집 관련 환경 설정
⑥ **타임 라인 확장 및 축소** : 타임 라인 작업을 편하게 하기 위해 미리 보기 화면과 타임 라인 화면의 위치와 크기 변함
⑦ **재생 위치** : 이전 지점, 맨 앞으로, 맨 뒤로
⑧ **미리보기 창** : 편집되고 있는 것을 볼 수 있음
⑨ **삭제(워터마크 삭제)** : 프리미엄 유료 결제 후 삭제 가능
⑩ **미디어 휠** : 메뉴들이 모여 있는 곳
⑪ **내보내기 및 공유** : 편집된 영상을 기기의 갤러리에 저장 및 SNS에 공유 가능
⑫ **미디어 추가** : 기기에 저장된 영상이나 사진 불러오기
⑬ **오디오 추가** : 기기에 저장된 음악 불러오기
⑭ **녹음 추가** : 영상에 소리 녹음
⑮ **레이어 추가** : 미디어, 효과, 스티커, 텍스트, 손글씨 등 효과 적용
⑯ **에셋 스토어** : 키네마스터에서 제공한 다양한 효과 다운로드 가능
⑰ **재생** : 영상을 재생
⑱ **플레이 헤드** : 현재 위치
⑲ **타임 라인 영역** : 영상, 사진, 자막, 음악 등을 올려놓고 편집하는 부분

■ 키네마스터 인터페이스 2

① **프리미엄 버전 구독** : 워터마크와 광고를 제거하고 에셋 스토어의 모든 에셋을 무제한 사용할 수 있는 안내 페이지로 이동됩니다. 완성 동영상에 워터마크가 있어도 되거나, 무료 에셋만 사용하여 동영상 제작을 한다면 유료결제할 필요는 없습니다.

② **KineMaster Tutorials** : 키네마스터 편집 팁의 동영상이 유튜브에 등록되어 있는 인앱 튜토리얼입니다. 2023년 7월 20일 기준 72개의 재생 목록이 있습니다.

③ **자주 하는 질문** : 일반적인 기능들, 구독과 결제, 충돌과 에러, 비디오로 저장 및 공유, 호환성 및 지원 성능, 라이센스와 저작권 등을 살펴볼 수 있고 고객 지원팀의 이메일 문의도 가능합니다.

④ **새로운 소식** : 키네마스터의 공지 및 신규 기능 등 추가 시 소식을 알려줍니다.

⑤ **설정** : 기기 성능 정보, 고급 설정, 앱 리셋, KineMaster 팔로우하기, 더 많은 앱, 이용약관, 개인정보처리방침, 오픈 소스 라이선스, 버전 등의 정보가 있습니다.
⑥ 새 프로젝트 생성 시 터치합니다.
⑦ 기존에 제작된 프로젝트 리스트입니다.
⑧ **기존에 제작된 프로젝트의 설정** : .kine 파일로 내보내기, 이름 바꾸기, 복제, 삭제 등의 기능이 있습니다.
⑨ **홈** : 키네마스터의 메인 화면으로 갑니다. 원하는 테마와 카테고리의 템플릿을 검색할 수 있습니다. 비즈니스 마케팅 영상을 비롯해 기업, 교육, 기념일, 축제/휴일, 소셜미디어, 브이로그, 리뷰/튜토리얼, 재미있는 밈 등 다양하게 준비되어 있으며, 키네마스터가 제공하는 프로젝트를 검색해 SNS 및 다른 앱을 통해 전 세계로 공유할 수 있습니다. 사용자가 원하는 테마의 프로젝트를 검색하고 다운로드해 재편집할 수 있습니다. 그래픽과 오디오 효과를 제공하므로 사용자 동영상과 이미지를 넣기만 하면 완성이 됩니다.
⑩ **Mix** : 키네마스터에서 추천하는 프로젝트를 확인할 수 있습니다. 유용하고, 다이나믹하고, 세련된 프로젝트를 둘러보고 다운로드하세요.
⑪ **만들기** : 프로젝트를 관리하거나 새로운 프로젝트를 만듭니다. 사용자만의 프로젝트를 제작하고자 할 때 터치합니다.
⑫ **나** : 마음에 드는 프로젝트를 저장하고 키네마스터 계정을 관리합니다. ⑨번 ⑩번의 Mix를 통해 좋아요(♡)를 누른 프로젝트들이 저장됩니다.

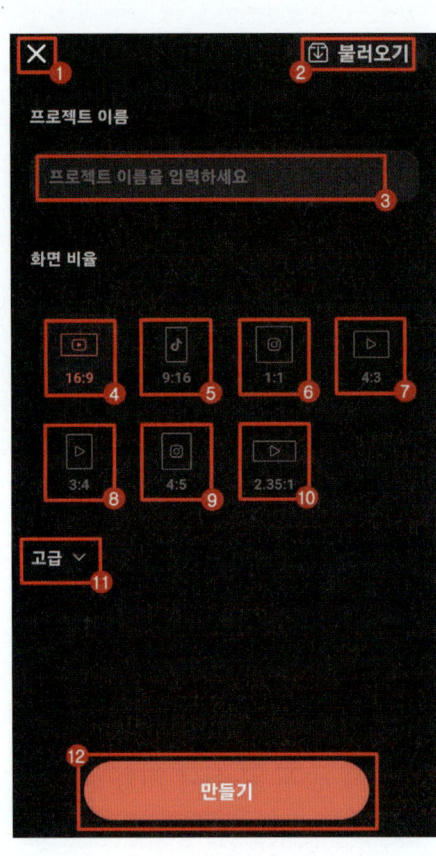

① X : 이전 화면으로 이동됩니다.
② 불러오기 : [기존에 제작된 프로젝트의 설정]에서 .kine 파일로 내보내기한 사용자의 기기에 저장된 프로젝트들을 확인하고 불러올 수 있습니다.
③ 프로젝트 이름 : 프로젝트 이름을 설정 후 새 프로젝트를 시작합니다. 프로젝트 이름을 설정하지 않고 영상 제작 후 동영상으로 저장하면 작업한 날짜로 프로젝트 이름이 생성됩니다. [설정]에서 프로젝트 이름을 변경할 수 있습니다.
④~⑩ 화면 비율 : 새 프로젝트 화면 비율을 사용자가 원하는 용도에 맞게 선택할 수 있습니다. 다음 페이지의 화면 비율 표에 설명되어 있습니다.
⑪ 고급 : 사진 배치, 기본 사진 지속 시간, 기본 장면전환 시간 등을 설정할 수 있습니다.
⑫ 만들기 : 만들기를 터치하면 미디어 브라우저 페이지로 넘어갑니다.

화면비율	
① [16:9]	사람들이 가장 많이 사용하는 비율입니다. 우리가 잘 아는 1920 * 1080, 1280 * 720 해상도가 이에 속합니다. 유튜브, TV 프로그램 등 가장 보편적으로 사용하는 가로 화면 비율입니다.
② [9:16]	우리가 보는 세로 화면은 대부분 이 비율에 속합니다. 16:9의 반대이므로 1080 * 1920, 720 * 1280 해상도가 이에 속합니다. (유튜브 쇼츠, 인스타그램 릴스용)
③ [1:1]	자주 사용되진 않지만 인스타그램 게시물 등록 시 주로 사용하는 비율입니다. 720 * 720, 1080 * 1080 해상도가 이에 속합니다.
④ [4:3]	1990년대 이전 TV 화면 크기 비율입니다.
⑤ [3:4]	증명 사진 크기 비율입니다.
⑥ [4:5]	반명함판 사진 크기 비율입니다.
⑦ [2.35:1]	영화 화면 비율입니다.

◾ 편집할 영상 소스 가져오기

키네마스터 앱을 실행하여 [만들기] - [새로 만들기] - 프로젝트 이름, 화면비율을 정하고 [만들기]를 터치합니다.

▶ [미디어] - [미디어 브라우저]를 선택합니다. 안드로이드 버전은 [미디어 브라우저]가 바로 실행되어 편집할 영상 소스를 선택할 수 있습니다.

▶ ① 내 스마트폰 [갤러리] 앱에서 동영상을 터치하여 선택합니다. 아래 타임 라인에 동영상이 나타나는 것을 볼 수 있습니다. ② 동영상 선택이 끝나면 상단 우측 [X]를 터치합니다.

◨ 동영상 컷 편집(트림 / 분할)

▶ ① 타임 라인에 있는 영상 소스의 편집할 부분에 [플레이 헤드]를 이동시킵니다.
② 영상 클립을 터치하면 클립 가장자리에 노란색 테두리가 표시됩니다.
③ 영상 클립을 터치하면 [미디어 휠] 부분이 [옵션 패널]로 바뀝니다.
④ 옵션 패널에서 가위 모양의 아이콘 [트림 / 분할]을 터치합니다.

◨ 동영상의 트림 / 분할 메뉴

▶ ① [왼쪽 트림] : 플레이 헤드를 중심으로 왼쪽 동영상이 삭제됩니다.

▶ ② [오른쪽을 트림] : 플레이 헤드를 중심으로 오른쪽 동영상이 삭제됩니다.

▶ ③ [분할] : 플레이 헤드를 중심으로 동영상이 좌/우 2개로 분할됩니다.

▶ ④ [분할 및 정지화면 삽입] : 플레이 헤드를 중심으로 동영상이 좌/우 2개로 분할되면서 동영상의 분할 되어진 부분의 캡쳐된 사진이 추가됩니다.

> 💡 Tip : 타임 라인에서 두 손가락을 벌리거나 오므리면 키네마스터가 확대 또는 축소(zoom in or out)되어 원하는 곳에 플레이 헤드를 더 쉽게 정확하게 배치할 수 있습니다.
> 원하는 위치에 트림이나 분할이 잘 되었는지 확인하고 싶다면, 미디어 휠 아래에 있는 재생 버튼 (▶)을 탭(tab)하여 동영상을 확인할 수 있습니다.

▣ 텍스트 - 자막 추가하기

▶ ① 자막을 추가 할 위치에 [플레이 헤드]를 위치해 놓습니다. ② [미디어 휠]에서 ③ [레이어]를 누른 후 ④ 텍스트 [T]를 선택해 자막을 추가합니다.

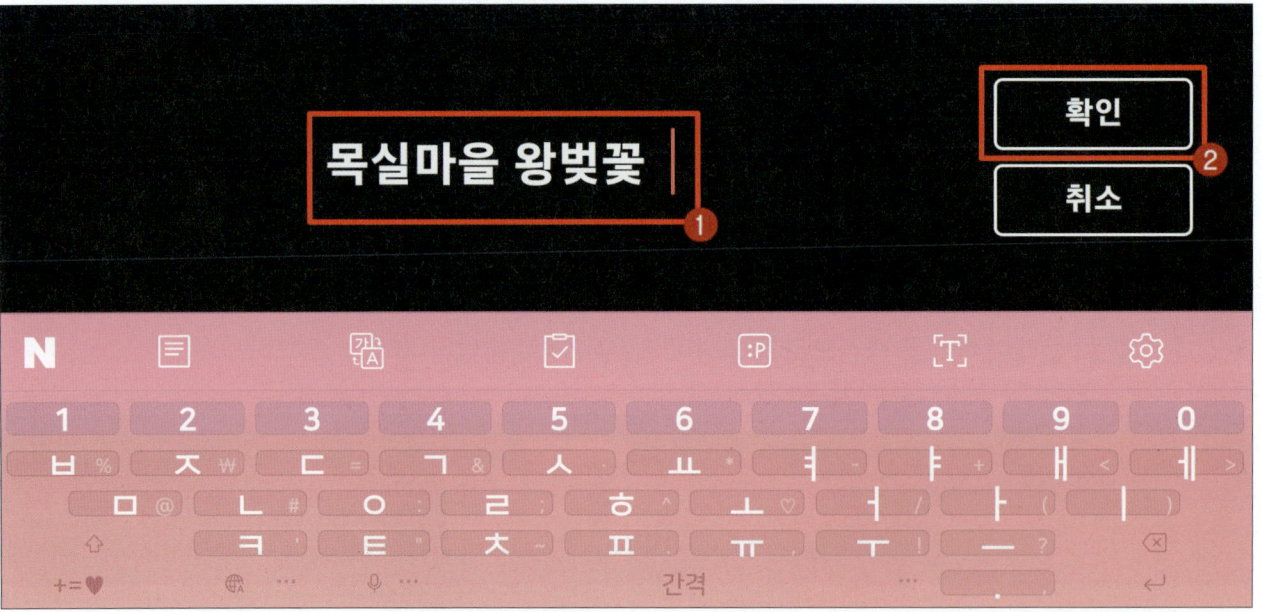

▶ ① 텍스트를 입력할 수 있는 키보드가 나오면 [커서가 깜박거리는 곳]을 터치하고 원하는 문구를 입력합니다. ② [확인]을 눌러 자막을 완성합니다.

▶ ① 타임 라인에 입력한 글자의 [텍스트 레이어]가 추가된 것을 확인할 수 있습니다.
② 글자 크기를 [조절]할 수 있습니다. ③ 글자를 [회전]할 수 있습니다. ④ 글자를 [입력]하거나 입력한 글자를 [편집]할 수 있습니다. ⑤ 글자의 [폰트]를 선택할 수 있습니다. ⑥ ①번의 자막을 [트림]하거나 [분할]할 수 있습니다. 폰트를 추가하기 위해 ⑤ [폰트]를 터치합니다.

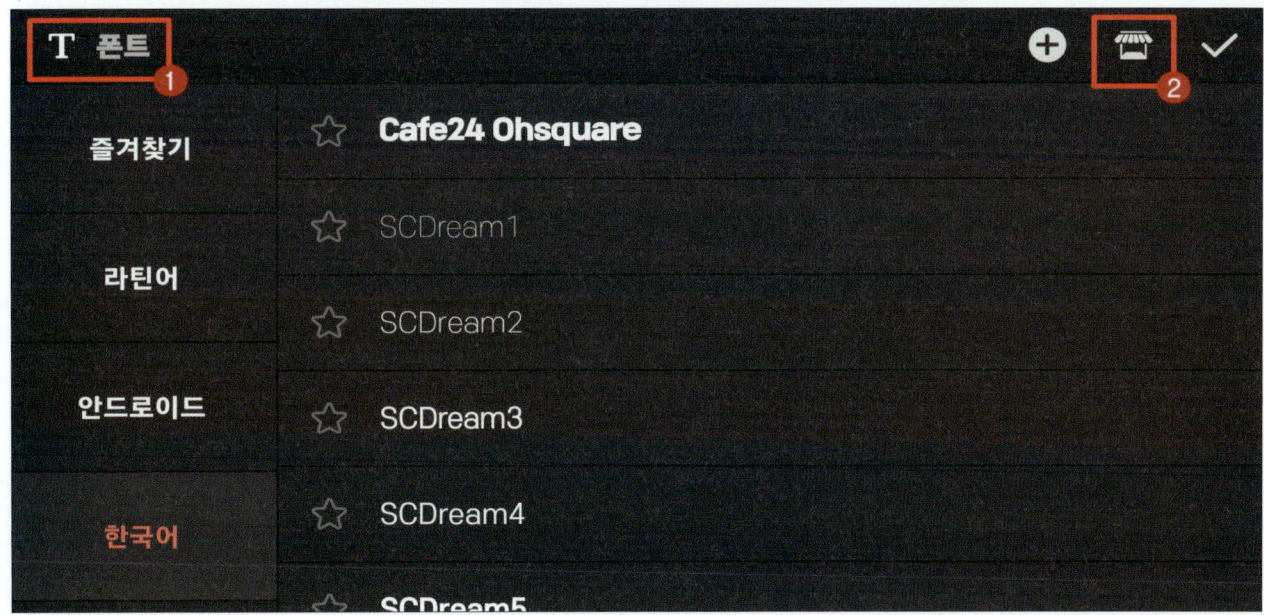

▶ ① [T 폰트] 창에서 한국어를 터치하고 ② [에셋 스토어]에 갑니다.

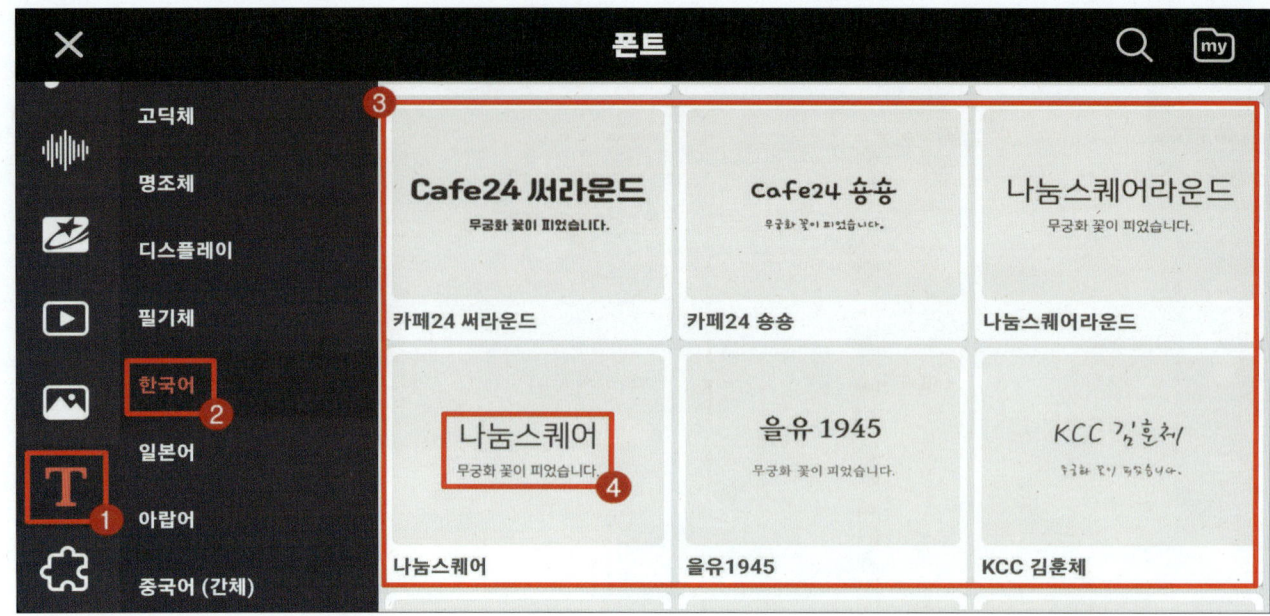

▶ ① [에셋 스토어]에서 [T]를 터치합니다. ② [한국어]를 터치합니다. ③ 한국어의 다양한 폰트에서 다운로드받을 폰트를 터치합니다. 더 다양한 폰트가 있으니 아래에서 위로 드래그하여 다른 한국어 폰트도 확인해 봅니다. ④ [나눔스퀘어]를 선택해 터치합니다.

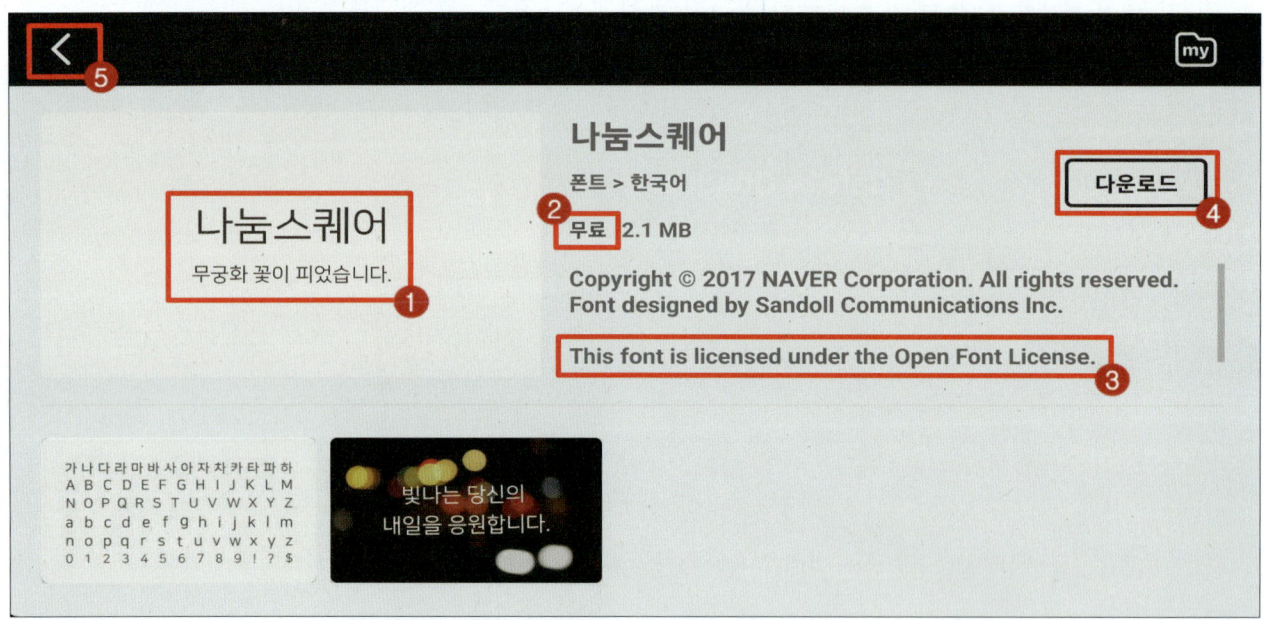

▶ ① [나눔스퀘어] 글꼴은 ② [무료]로 사용할 수 있고 ③ 폰트 사용이 허가되었습니다. ④ [다운로드]를 터치하면 [다운로드] 글자가 [설치됨]이라는 글자로 바뀝니다. [나눔스퀘어] 글꼴 뿐만 아니라 마음에 드는 다양한 폰트도 설치해 봅니다. ⑤ 앞 화면으로 돌아가기 [<] 표시를 터치하면 [T 폰트] 화면으로 돌아갑니다.

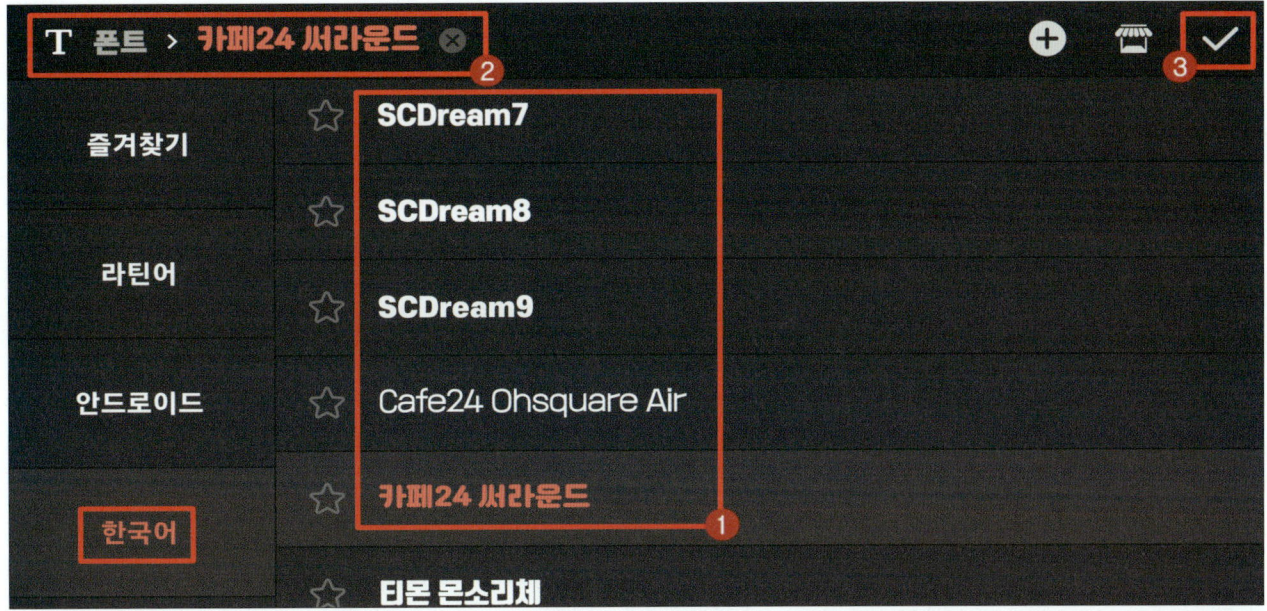

▶ ① [에셋 스토어]에서 여러 개의 한국어 폰트를 설치했습니다. ② 자막에 들어갈 폰트를 터치하면 터치한 폰트가 선택됨을 확인할 수 있습니다. ③ 폰트 선택이 완료되면 [확인(V)] 버튼을 터치합니다.

▶ ① 기본 폰트였는데 에셋 스토어에서 다운받은 글꼴로 변경할 수 있고 ② 폰트 사이즈를 화살표 방향으로 드래그하여 키우거나 줄이면서 조절합니다. ③ [옵션패널]에서 ④ 위아래로 이동하여 애니메이션, 폰트 색상, 텍스트 옵션, 윤곽선, 그림자, 배경색 등을 설정할 수 있습니다.

▣ 장면전환 효과 적용하기

장면전환 효과는 영상의 클립과 클립 사이에 다양한 전환 효과를 넣어 부드럽고 멋진 효과를 줄 수 있습니다. 즉 영상과 영상, 사진과 사진이 다음 장면으로 넘어갈 때 보이는 효과를 넣는 것입니다.

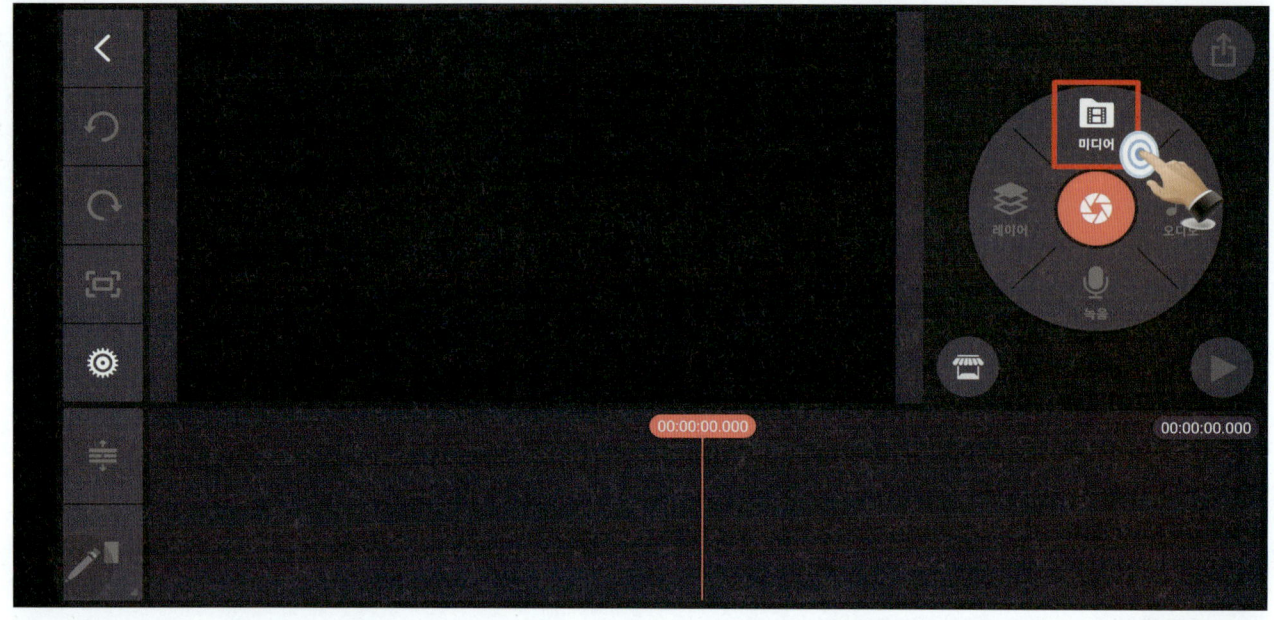

▶ 동영상이나 사진을 가져오기 위해 미디어 패널에서 [미디어]를 선택합니다.

▶ ① [미디어 브라우저] 창이 열리면 ② 내가 작업하고자 하는 미디어가 저장되어 있는 앨범을 선택합니다.

▶ ① 선택한 앨범에서 ② 장면전환 작업을 하기 위한 사진이나 동영상을 2개 이상 선택합니다. ③ 타임 라인에서 선택한 동영상 3개가 들어와 있음을 확인할 수 있습니다. ④ 동영상 선택이 완료되면 상단 오른쪽의 [X]를 터치합니다.

▶ 타임 라인에서 영상과 영상 사이에 있는 회색 네모 안의 [|] 아이콘을 터치합니다.

▶ ① 회색 네모 안의 [|] 아이콘을 터치하면 아이콘이 빨간색 네모로 변하면서 ② [장면전환] 화면으로 넘어갑니다. ②번 장면전환 창을 위로 드래그하면 장면전환을 할 수 있는 다양한 효과들이 나옵니다.

▶ ① [장면전환] 창에서 [재미있는 장면전환 효과]를 선택합니다. ② 옵션 중 [물방울]을 선택합니다. 미리보기 화면에서 내용을 볼 수 있고 ③ 장면전환 효과가 적용된 것을 확인할 수 있습니다.

▶ ① [장면전환] 창에서 [3D 장면전환 효과]를 선택합니다. ② 옵션 중 [스트립]을 선택합니다. 미리보기 화면에서 내용을 볼 수 있고 ③ 장면전환 효과가 적용된 것을 확인할 수 있습니다.

▶ ① 장면전환 효과를 최종 확인하기 위해 플레이 헤드를 타임 라인 시작 부분으로 옮긴 뒤 [재생] 버튼을 터치합니다. ② [물방울]와 [스트립]의 장면전환 효과가 적용되어 ③ [미리보기] 화면에서 확인할 수 있습니다.

■ 장면전환 효과 추가하기(에셋 스토어에서 다운로드 받기)

▶ 키네마스터에 기본으로 내장되어 있는 [장면전환 효과] 외에 다양한 장면전환 효과를 다운로드하여 사용할 수 있습니다. ① 클립과 클립 사이에 있는 회색 [│] 버튼을 터치합니다. ② 회색 버튼이 빨간색 버튼으로 바뀝니다. ③ [에셋 스토어] 아이콘을 터치하면 에셋 스토어 화면이 열립니다.

▶ ① [에셋 스토어]에는 다양한 효과들이 있습니다. 그중 [액션 바]의 상단에 위치한 나비넥타이 모양의 [장면전환] 아이콘을 터치합니다. ② [장면전환]에는 [액션, 3D, 아날로그, 컬러, 교차·분할, 그래픽, 물결, 픽셀, 슬라이드] 등의 다양한 효과가 있습니다. ③ 장면전환을 추가하기 위해 [3D]를 선택합니다. ④ [3D] 안의 여러 가지 장면전환 효과 중 [하트 파티클]을 터치합니다.

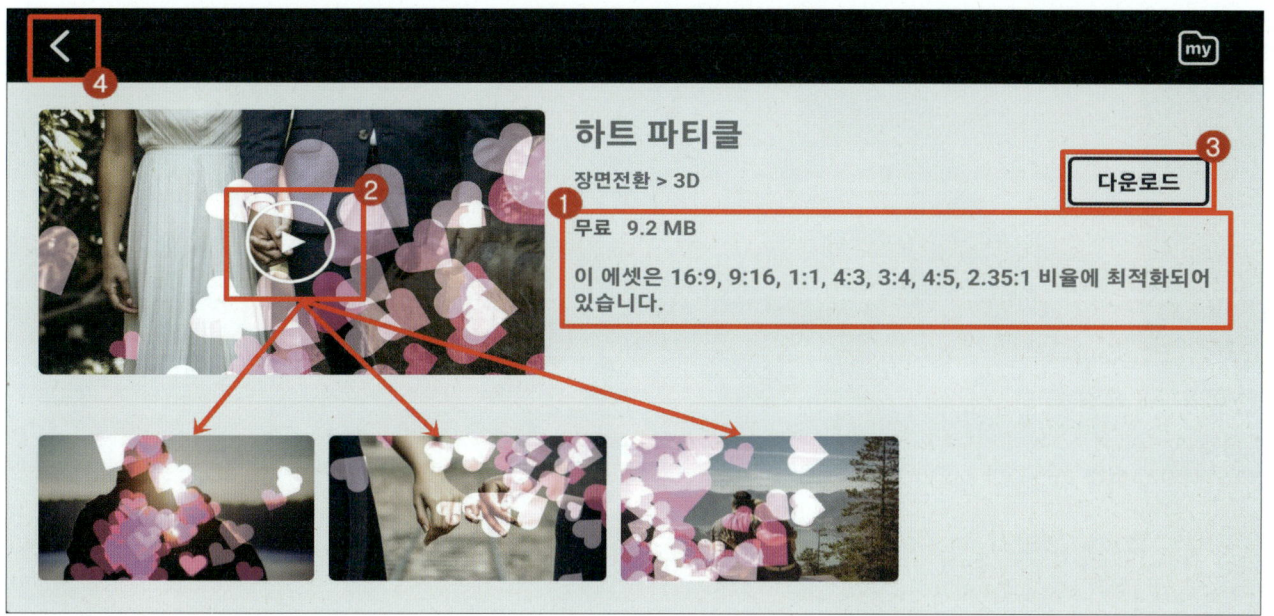

▶ ① 다운로드할 효과를 선택하면 [하트 파티클]의 [장면전환] 효과의 개요를 설명하는 상세 정보가 있습니다. ② 다운로드받기 전에 하트 파티클의 장면전환 효과를 [미리보기]할 수 있습니다.
[재생] 버튼을 터치해 확인합니다. ③ 미리보기 한 뒤 하트 파티클의 장면전환 효과를 사용하려면
[다운로드] 버튼을 터치합니다. ④ 설치가 완료되면 [장면전환] 적용 화면으로 돌아가기 위해
[이전페이지(<)] 버튼을 터치합니다.

▶ ① [에셋 스토어]에서 다운로드 받은 [하트 파티클] 장면전환 효과가 추가되었음을 확인할 수 있습니다. ② [하트 파티클] 중 [03]번 효과를 선택합니다. ③ 동영상 클립에 장면전환 효과가 적용된 것을 확인할 수 있습니다. ④ [미리보기] 화면으로 확인 가능합니다.

▶ ① 장면전환 효과를 확인하기 위해 [재생] 버튼을 터치합니다. ② [하트 파티클]의 장면전환 효과가 ③ [미리보기] 화면에 적용됨을 확인할 수 있습니다.

 Tip : 재생 버튼을 약 1초 정도 길게 누르면 전체화면으로 미리보기가 됩니다.

■ 클립 그래픽 효과와 에셋 스토어에서 다운로드 받기

클립 그래픽은 클립 자체에 적용되는 효과로 영상을 한층 더 멋지게 꾸밀 수 있습니다. 다양한 효과로 인트로 화면을 쉽게 만들 수 있고 밋밋한 화면을 감각 있게 변화를 줄 수 있고 리듬감 있는 텍스트를 추가할 수 있습니다.

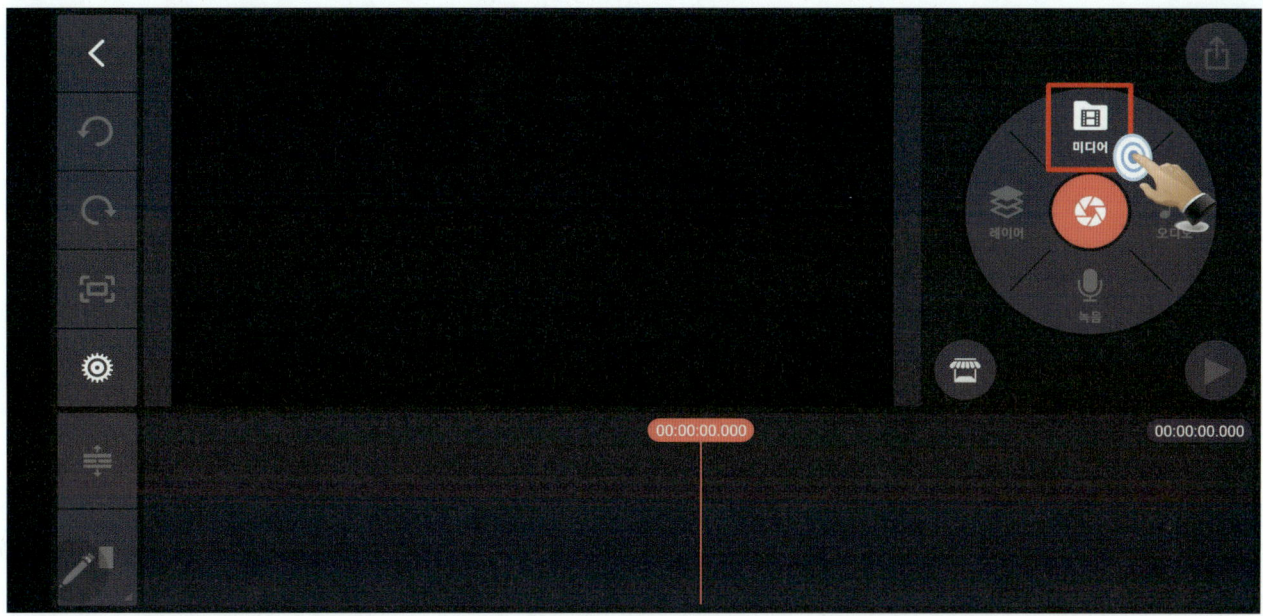

▶ 동영상이나 사진을 선택하기 위해 미디어 패널에서 [미디어]를 선택합니다.

▶ ① [미디어 브라우저] 창이 열리면 ② 작업하고자 하는 미디어가 저장되어 있는 앨범을 선택합니다.

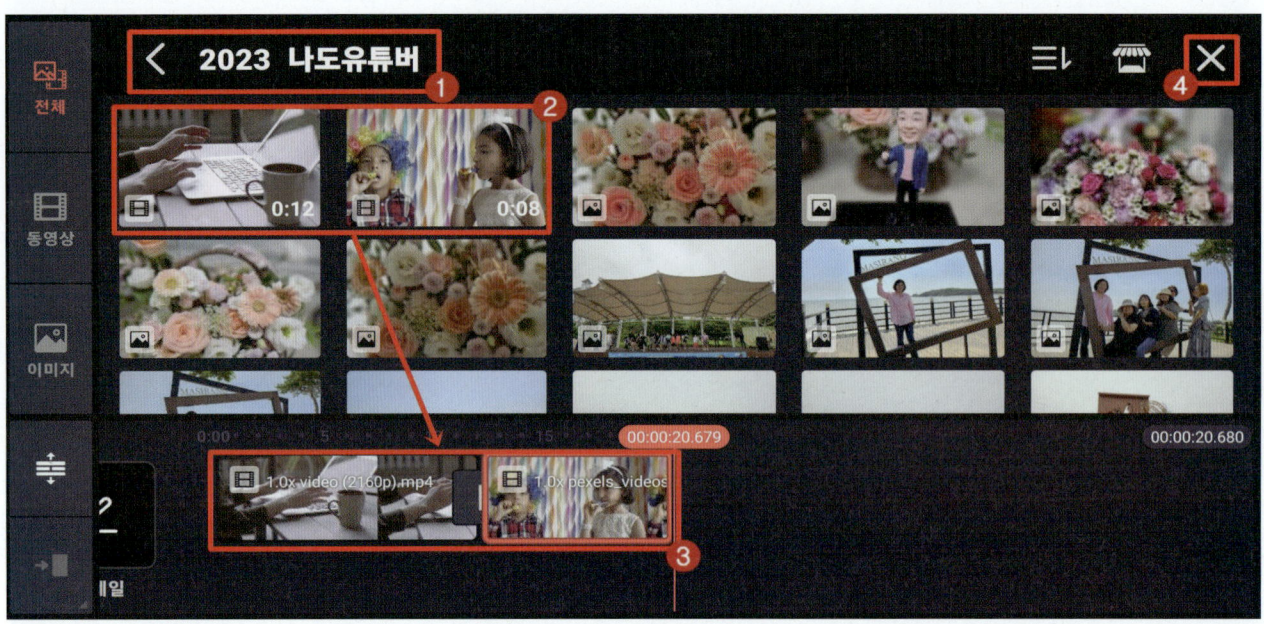

▶ ① 선택한 앨범에서 ② 클립 그래픽 작업을 하기 위한 미디어를 선택합니다.
　② 선택한 미디어를 타임 라인에서 확인할 수 있습니다.
　④ 미디어 선택이 완료되면 상단 오른쪽의 [X]를 터치합니다.

▶ ① 첫 번째 [사진 클립]을 터치하여 선택합니다. ② 메뉴에서 [클립 그래픽]을 선택합니다.

▶ ① [클립 그래픽] 메뉴의 하위 효과들이 보입니다. ② 그중에서 [필름메이커]를 선택합니다.

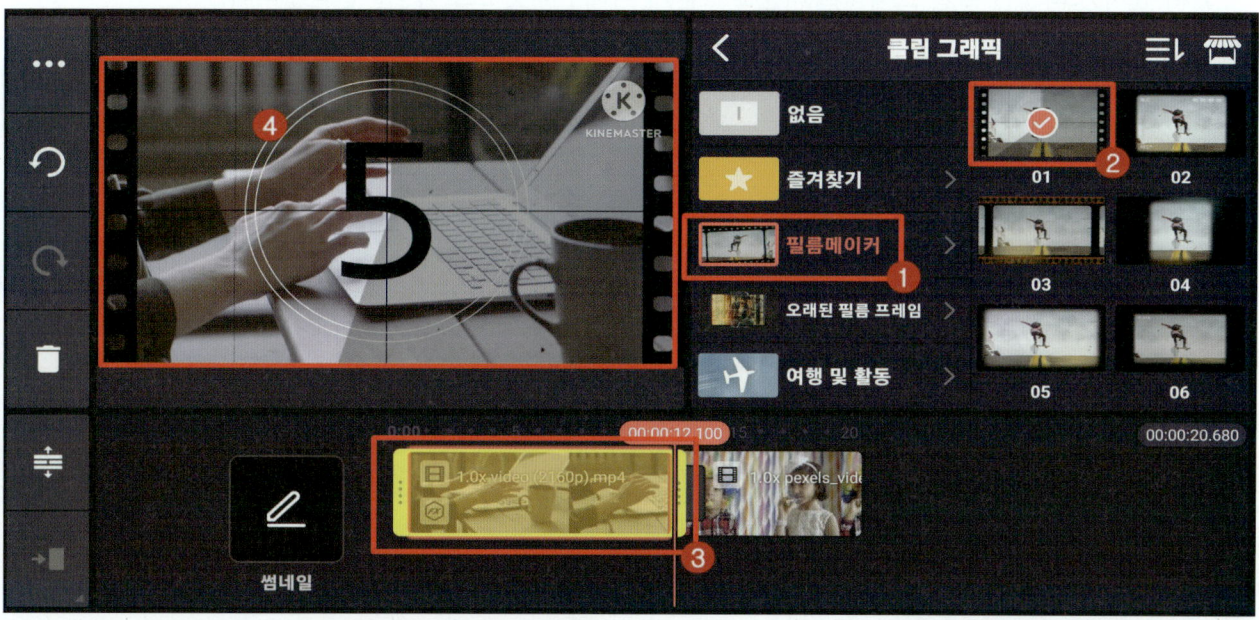

▶ ① [필름메이커] 메뉴에서 ② 1번 효과를 선택합니다. ③ 클립 그래픽은 새로운 레이어가 생성되는 것이 아니라 선택한 클립 위에 위치합니다. ④ 미리보기 화면에서 적용된 효과를 볼 수 있습니다.

▶ ① 클립 그래픽의 효과를 적용할 클립을 선택합니다. ② 키네마스터에 기본적인 클립 그래픽 효과가 내장되어 있지만 다양한 클립 그래픽을 다운로드받기 위해 [에셋 스토어]를 선택합니다.

▶ ① 좌측 세로축에 [액션 바]가 있습니다. 그중 [클립 그래픽]을 선택합니다. ② [클립 그래픽]에는 애니메이션, 기념일, 시네마틱, 그런지, 인트로, 모던/심플, 프로모션, 레트로, 로맨틱, 스타일리시, 밀리터리, 여행 등 다양한 효과들이 있습니다. ③ 그중 [시네마틱] 효과를 선택합니다.
④ 시네마틱 효과 중 [화이트 포토 프레임]을 선택합니다.

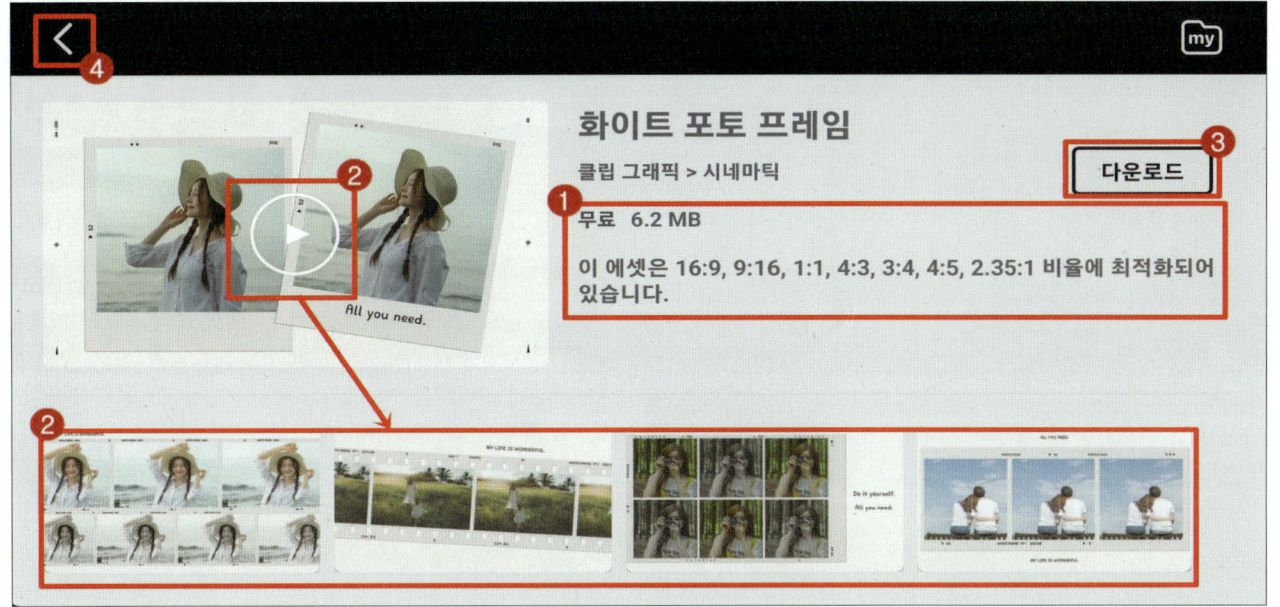

▶ ① [화이트 포토 프레임]의 [클립 그래픽 효과]에 대한 개요를 설명하고 있습니다. ② 다운로드받기 전에 화이트 포토 프레임의 효과를 [미리보기]할 수 있습니다. 재생 버튼을 터치해 확인해 봅니다.
③ 미리보기를 시청한 뒤 화이트 포토 프레임 효과를 사용하려면 [다운로드] 버튼을 터치합니다.
④ 설치가 완료되면 [클립 그래픽] 적용 화면으로 돌아가기 위해 [이전페이지(<)] 버튼을 터치합니다.

▶ ① 클립 그래픽에 [화이트 포토 프레임]이 설치되어 있는 것을 확인할 수 있습니다.

▶ ① [화이트 포토 프레임]의 효과 중 ② [01]번을 선택하여 터치합니다.

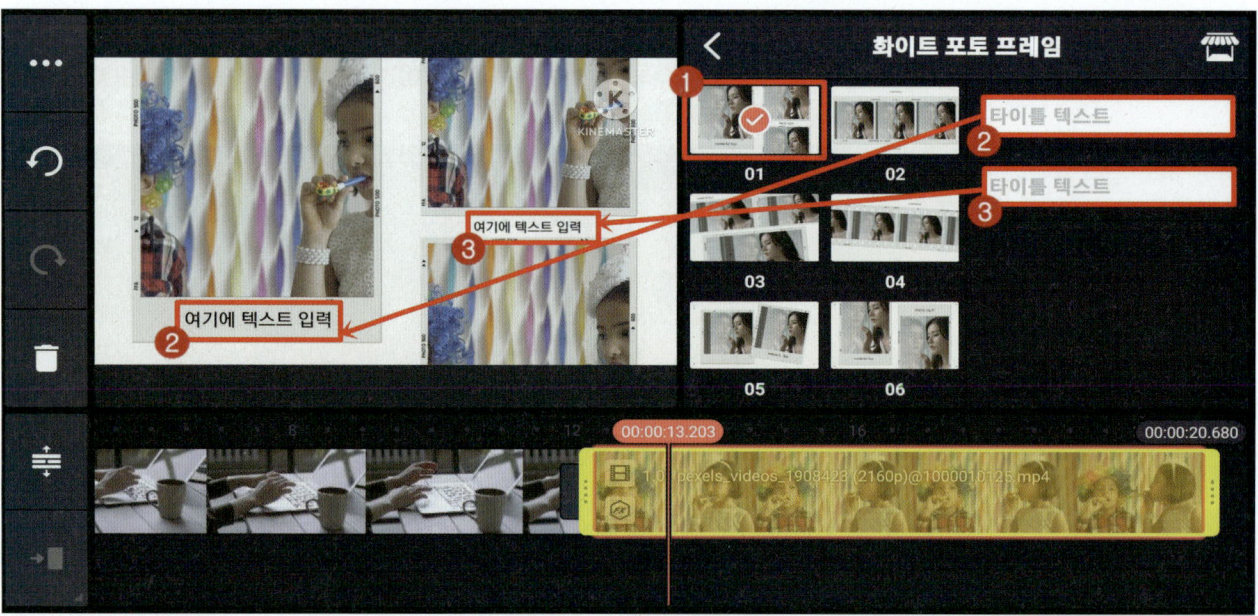

▶ ① [화이트 포토 프레임]의 8개의 효과 중에서 [01]을 선택합니다. ②, ③ 2개의 [타이틀 텍스트]를 입력하기 위해 터치합니다.

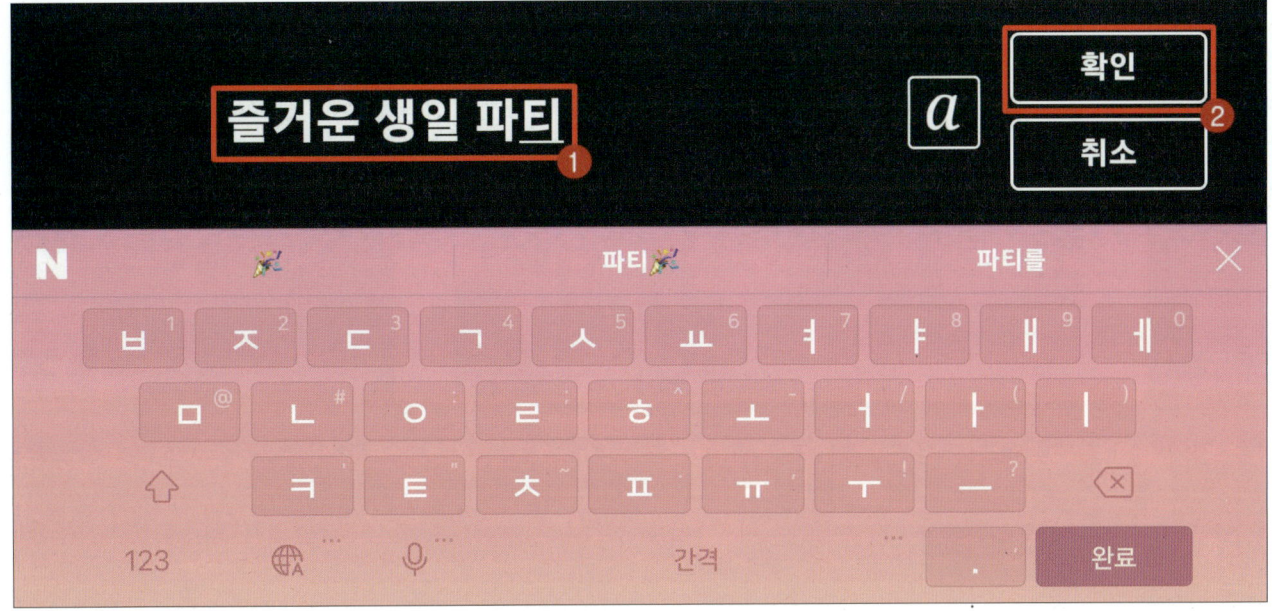

▶ ① [커서]가 깜박이는 곳에 텍스트를 입력합니다. ② [확인]을 터치합니다.

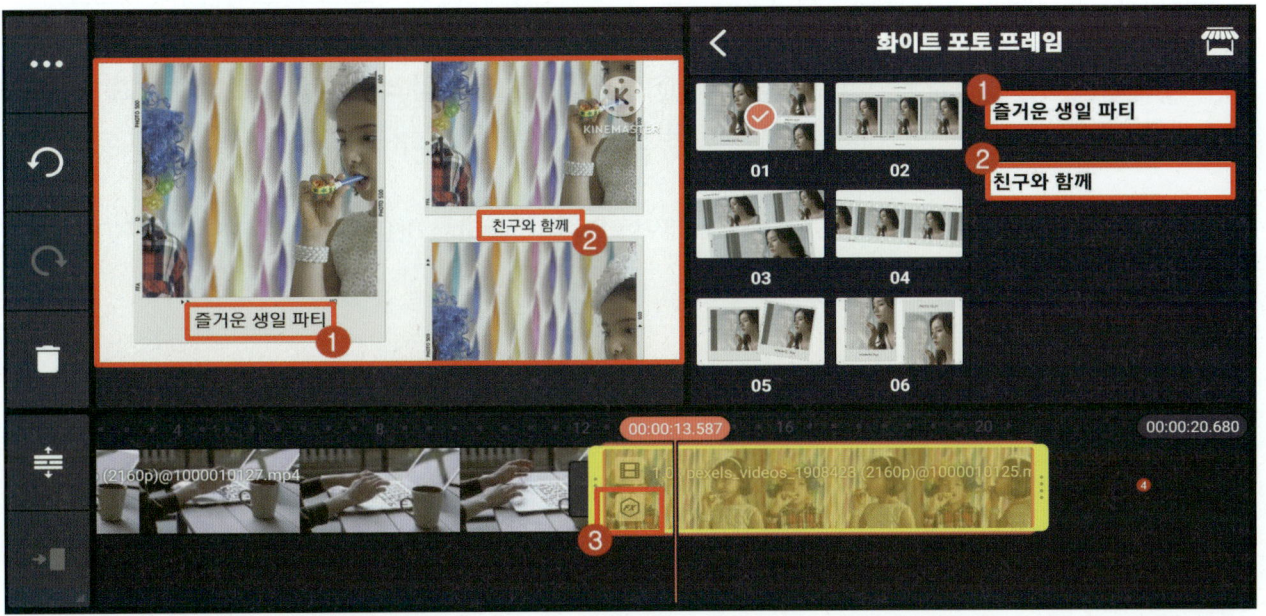

▶ ①, ② 텍스트 편집화면에서 입력했던 글자가 적용된 것을 미리보기 화면에서 확인할 수 있습니다.
③ 타임 라인의 사진 클립에서 [클립 그래픽]의 [화이트 포토 프레임]이 적용된 것을 확인할 수 있습니다.

▶ ① [뒤로(<)] 버튼을 누르면 편집화면으로 돌아옵니다. 손가락으로 타임 라인을 왼쪽으로 드래그하여 [플레이 헤드]를 두 번째 클립으로 이동시키면 미리보기 창에서 [화이트 포토 프레임]의 텍스트가 입력된 것을 확인할 수 있습니다. ② 텍스트 입력뿐 아니라 두 번째 사진 클립 전체에도 [클립 그래픽] 효과가 최종 적용된 것을 확인할 수 있습니다. ③ 플레이 헤드를 타임 라인 처음으로 옮겨 놓고 [재생버튼(▶)] 가볍게 터치하여 [클립 그래픽]이 모두 적용되었는지 확인해 봅니다.

💡 Tip : [재생버튼(▶)]을 약 1초간 길게 누르면 미리보기 창이 스마트폰 전체화면으로 바뀌어 큰 화면으로 확인할 수 있습니다.

💡 Tip : 클립 그래픽을 해제하려면 [클립 그래픽] - [없음]을 터치합니다.

memo

◼ 사진 편집 팬 & 줌 효과

팬 & 줌 효과는 정지된 이미지에 모션을 주어 움직이게 하는 효과를 줍니다. 미디어 시작 부분과 끝부분의 사이즈를 확대 & 축소하여 줌인, 줌아웃 효과를 줍니다. 사진이지만 동영상의 느낌을 주면서 정지된 화면을 동적으로 변환하는 효과입니다.

① 키네마스터 홈 화면에서 [만들기] - [새로 만들기]를 선택합니다.
② 프로젝트 이름을 넣고 화면 비율 [16:9]를 선택합니다.
③ [미디어 브라우저] 창이 열리면 작업할 미디어가 저장되어 있는 앨범에서 사진 몇 장을 가져온 뒤 키네마스터 [편집 화면]으로 돌아옵니다.

▶ 키네마스터 편집 화면에서 첫 번째 사진 클립을 선택합니다.

▶ ① 첫 번째 사진 클립을 선택하면 키네마스터 [메뉴] 화면이 열립니다.
　② [팬 & 줌] 아이콘을 터치합니다.

▶ [팬 & 줌]을 선택하면 ① 시작 위치, 끝 위치를 지정할 수 있는 부분이 나옵니다.

▶ ① 시작 위치는 그대로 두고 끝 위치를 선택하여 ② [미리보기] 화면에서 손가락 2개를 살포시 얹은 상태에서 손가락을 바깥쪽으로 펼쳐 오리 얼굴을 크게 확대합니다. 재생을 시작하면 오리가 점점 커지는 효과가 있습니다.

▶ ① 사진 이미지에 [팬 & 줌]을 터치하면 ② [시작 위치]와 [끝 위치]를 지정하는 부분이 나옵니다.

▶ ① [시작 위치]가 있는 사각 박스를 터치합니다. ② [미리보기] 화면에 손가락 2개를 살포시 얹은 상태에서 양 두 손가락을 이용해 3명의 사람만 나오게 위치시킵니다. 비디오가 시작될 때 위 3명의 이미지부터 시작한다는 의미입니다.

▶ ① 다음은 [끝 위치] 이미지가 있는 사각 박스를 터치합니다. 타임 라인의 [플레이 헤드]도 사진 클립 끝 부분에 위치하고 있음을 확인할 수 있습니다. ② [미리보기] 화면에 손가락 2개를 살포시 얹은 상태에서 양 두 손가락을 이용해 화면과 같이 사람들을 이동시킵니다. 첫 번째 사진 클립이 끝날 때 위 모습처럼 보여준다는 의미입니다. ③ 이전 버튼을 터치합니다.

▶ ① [재생버튼(▶)]을 가볍게 터치하여 [팬 & 줌] 효과가 잘 적용되었는지 ② [미리보기] 화면으로 확인합니다. [재생버튼(▶)]을 약 1초 정도 길게 누르면 미리보기 화면을 크게 볼 수 있습니다.

<원본 이미지>

<팬 & 줌 결과물>

시작은 오른쪽으로 3명이 나오다가 전체적으로 모든 사람이 나오고 왼쪽에 3명이 나오는 것으로 끝납니다.

| memo |

▣ PIP 화면 만들기(영상 위에 영상이나 이미지 삽입하기)

기본 영상 위에 다른 영상이나 이미지를 겹쳐서 올려놓는 것을 PIP(Picture In Picture) 화면이라 합니다. 장면 속에 장면을 넣어 영상을 더 짜임새 있게 만들 수 있습니다.

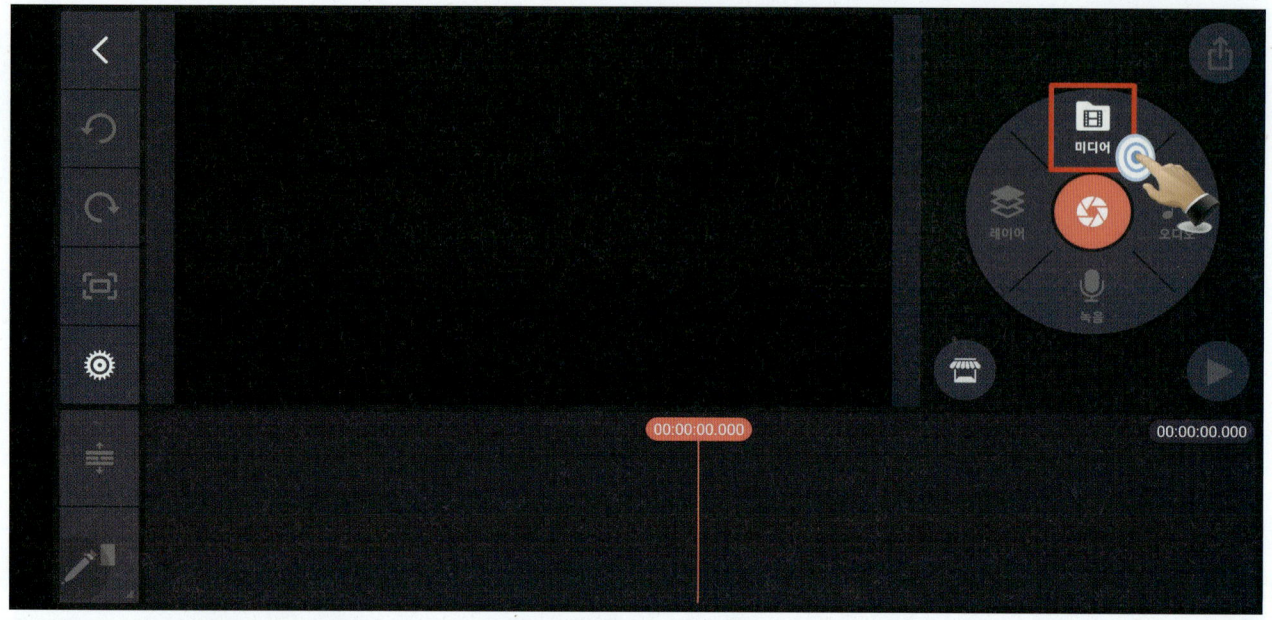

▶ 키네마스터 홈 화면에서 [만들기] - [새로 만들기] - 프로젝트 이름, 화면비율을 선택합니다.
  [미디어]를 터치합니다.

▶ [미디어 브라우저]에서 불러올 영상을 선택합니다.

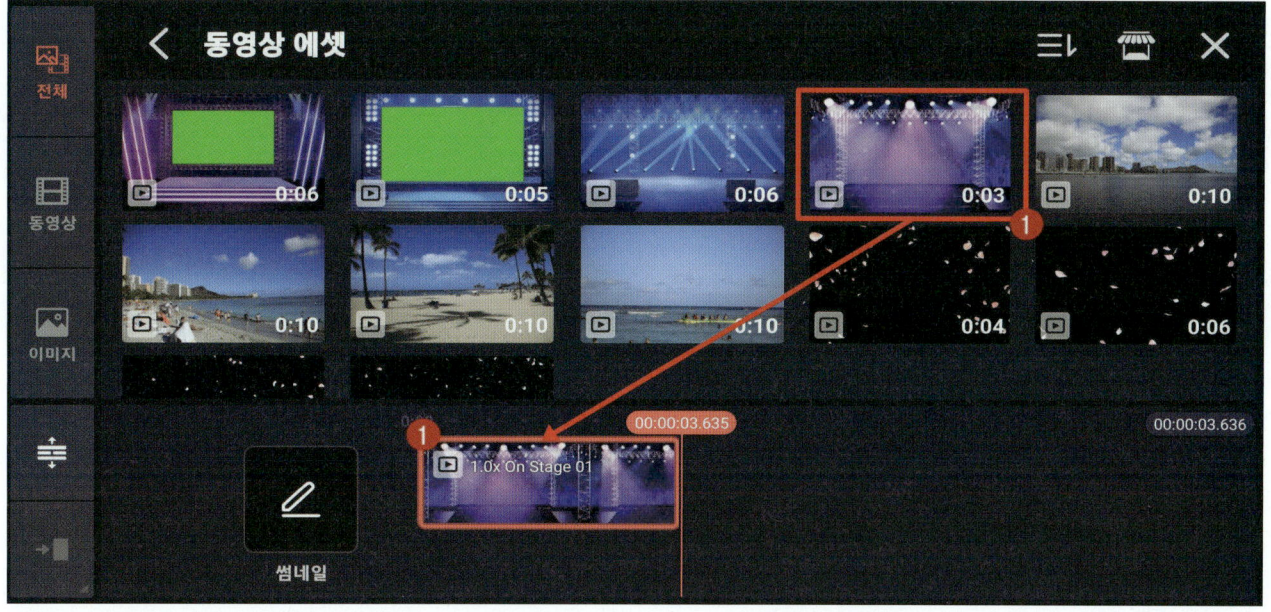

▶ ① [미디어 브라우저] - [동영상 에셋]에서 원하는 영상을 선택합니다.

▶ ① 영상 속에 들어갈 영상을 선택하기 위해 [플레이 헤드]를 타임 라인 시작 부분에 가져다 놓습니다.
② 메인 영상 위에 들어갈 두 번째 영상을 넣기 위해 [레이어] 탭을 선택합니다.
* 영상 위에 다른 영상이나 이미지를 올리려면 반드시 [레이어의 미디어]에서 불러와야 합니다.
③ [레이어] - [미디어]를 터치합니다.

▶ [미디어 브라우저]에서 두 번째 영상이 들어 있는 앨범을 터치합니다.

▶ ① 첫 번째 [메인 영상] 위에 ② [두 번째 선택한 영상]이 들어온 것을 확인할 수 있습니다.

▶ ① 두 번째 영상의 사이즈를 조절할 때는 확대 및 축소 버튼 [양쪽 화살표(↔)]를 드래그하여 늘이거나 줄여줍니다. ② [옵션 패널]을 위로 드래그하면 여러 가지 옵션이 나옵니다.
③ 여러 가지 옵션 중 [크롭]을 선택합니다.

▶ ① [크롭]이 선택되면 ①을 드래그하여 이미지를 자를 수 있습니다.
② [크롭]을 터치해 [마스크] 버튼을 활성화해 줍니다. ③ [모양]을 터치합니다.

▶ ① [마스크]가 활성화되면 마스크 종류가 들어 있는 [모양] - [타원형]을 선택합니다.
② 사각형 모양이었던 두 번째 영상이 [타원형]으로 변경되었습니다.

▶ ① [재생(▶)] 버튼을 터치합니다. ② 미리보기 화면에서 [PIP] 화면 속 화면 영상이 실행되는 것을 확인합니다.

매직 리무버 활용하기

▶ ① 2번째 영상을 선택하고 ② [매직 리무버]를 선택합니다.

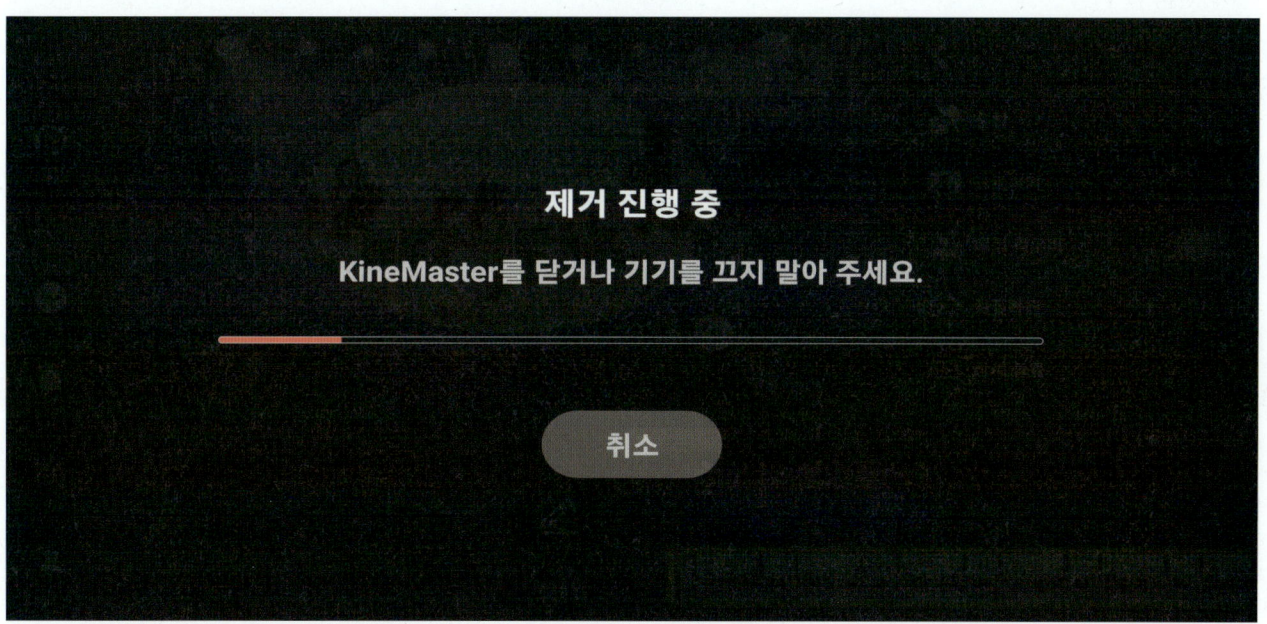

▶ 배경 제거를 진행 중이니 기기를 닫거나 끄지 말라는 문구가 뜹니다.

▶ ① [재생(▶)] 버튼을 터치합니다. ② 미리보기 화면에서 [PIP] 화면 속 화면 영상이 실행되고 배경이 제거된 것을 확인할 수 있습니다.

■ 프로젝트 내보내기(동영상으로 저장하기)

▶ ① 프로젝트가 완성되었으면 저장 및 공유하기를 위해 [편집 화면]에서 [내보내기] 버튼을 터치합니다.

해상도	화면을 구성하는 픽셀 수
프레임레이트	fps(Frame Per Second), 1초당 화면에 보이는 프레임 수
비트레이트	bit per second, 1초당 처리하는 영상의 크기

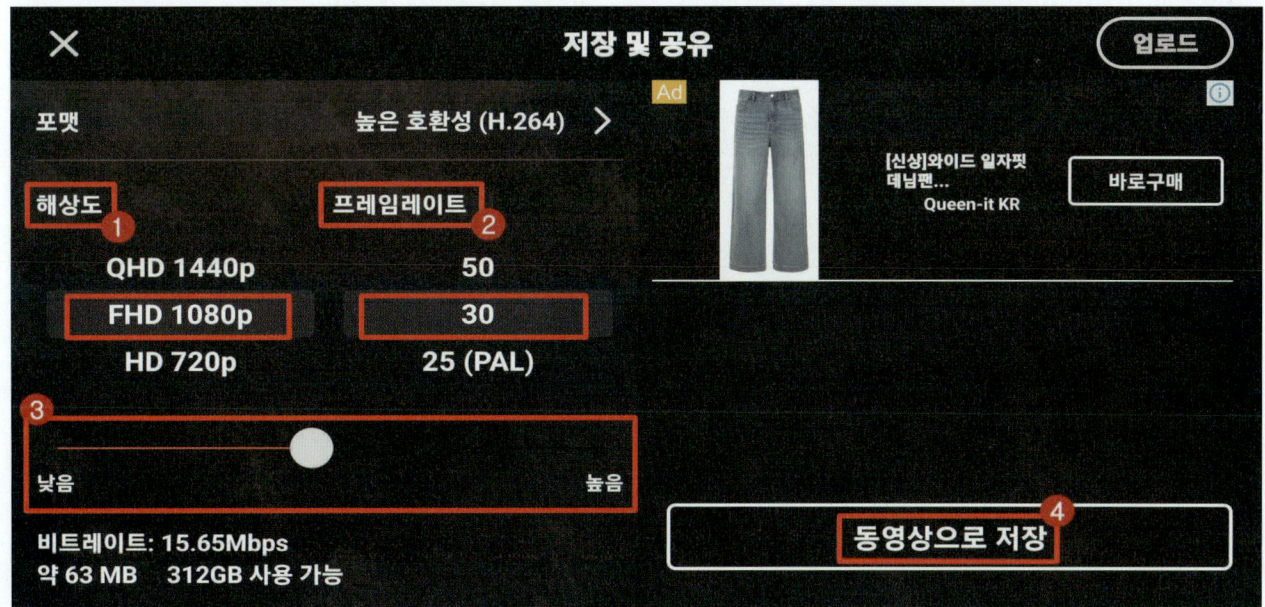

▶ ① 해상도 [FHD 1080p], ② 프레임레이트 [30]을 선택합니다. ③ 비트레이트 [중간],
④ [동영상으로 저장]을 터치합니다.

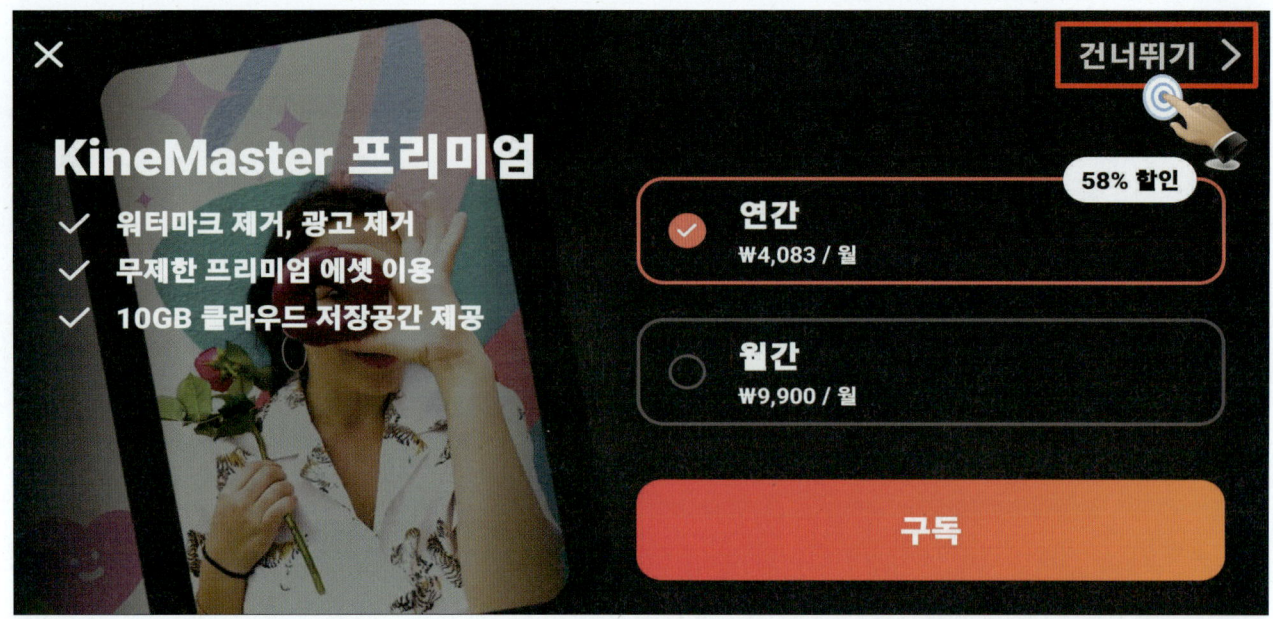

▶ 프리미엄 구독 광고가 나오는데 건너뛰기를 터치하면 됩니다.

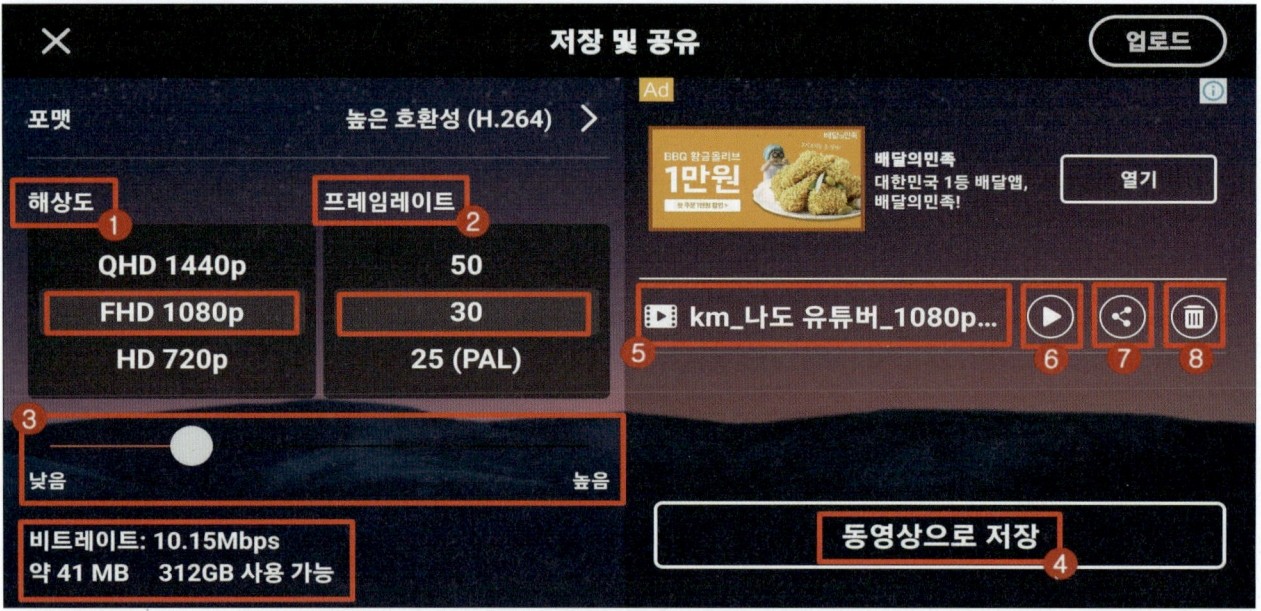

▶ ⑤ [내보내기]를 하면 동영상이 생성되었음을 확인할 수 있습니다.
생성된 동영상은 내 스마트폰 [갤러리]에서 확인할 수 있습니다. ⑥ [재생] 버튼 : 영상을 재생합니다.
⑦ [SNS 공유] 버튼 : 카카오톡, 유튜브, 페이스북 등 SNS로 공유합니다. ⑧ [휴지통] : 동영상을 삭제합니다.

19강 스마트폰에서 실시간 생방송하기

■ 프리즘 라이브 스튜디오 활용하기

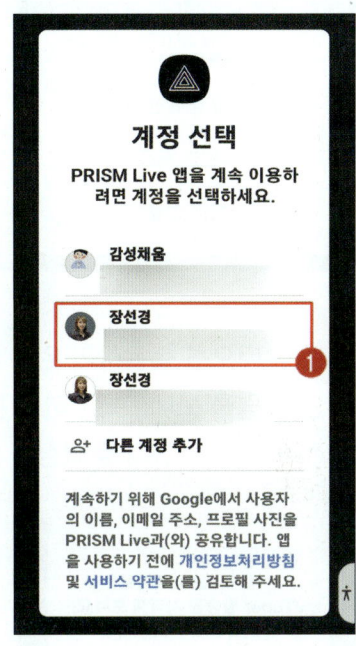

1 Play스토어 검색창에 [프리즘 라이브 스튜디오]를 검색 후 ① [설치]를 한 후 ② [열기]를 터치합니다.
2 ① 프리즘 라이브 스튜디오를 사용하기 위한 계정 선택으로 [Google]을 터치합니다.
3 ① 사용하고자 하는 내 계정을 선택합니다.

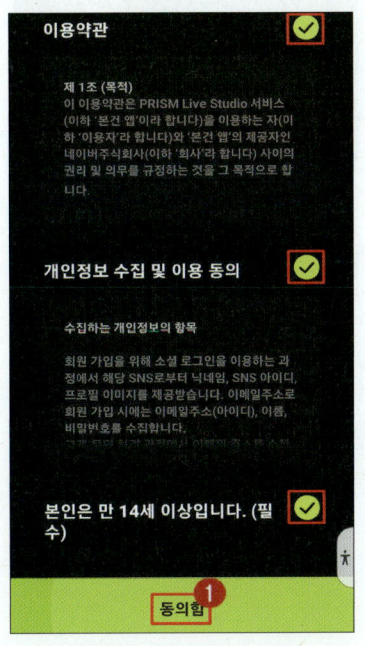
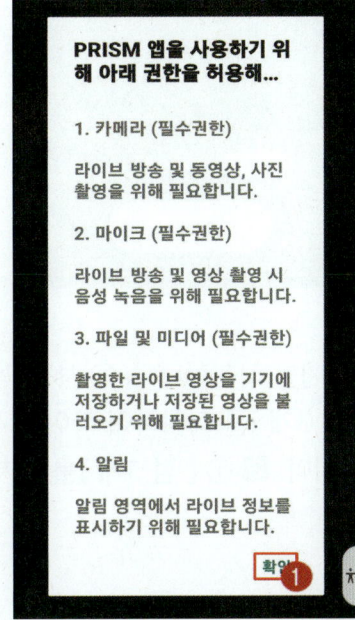

1 ① 이용약관 동의에 체크를 하고 [동의함]을 터치합니다. 2 ① 사용하기 위한 필수 권한을 허용하는 [확인]을 터치합니다. 3 ① 촬영 또는 녹화하기 위한 [앱 사용 중에만 허용]을 터치합니다.

1 ① 오디오를 녹음하기 위한 [앱 사용 중에만 허용]을 터치합니다.
2 ① 알림을 보내도록 [허용]을 터치합니다.
3 ① 기기의 사진과 동영상을 액세스할 수 있도록 [허용]을 터치합니다.

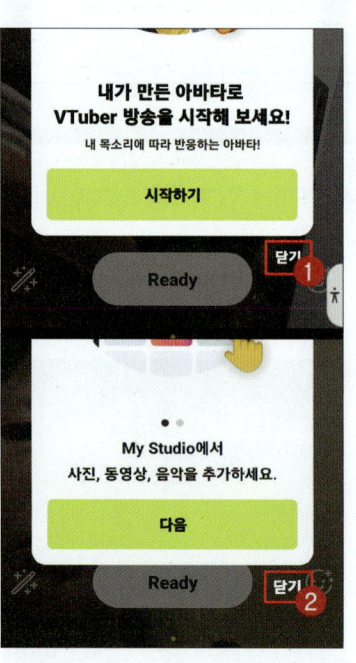  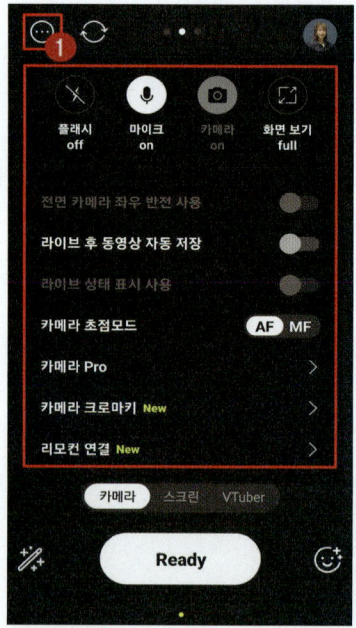

1 ① 아바타 만들기 팝업창이 뜨면 [닫기]를 터치합니다. ② 사진, 동영상, 음악 추가하는 안내 팝업창도 [닫기] 터치합니다. 2 ① 좌측 상단 [점 3개]를 터치하여 라이브 시 필요한 다양한 설정을 할 수 있습니다. ② 카메라 전면, 후면을 바꿀 수 있습니다. 3 ① [점 3개]를 터치하면 플래시, 마이크, 카메라 등의 설정을 할 수 있습니다.

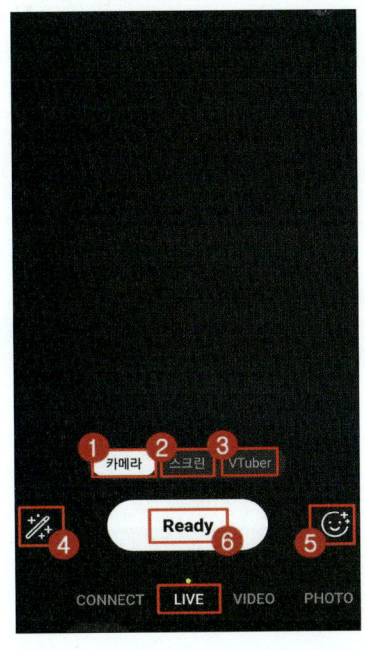  

1️⃣ ① [카메라] 현장을 실시간 방송할 수 있습니다. ② [스크린] 내 스마트폰 화면을 미러링해서 라이브 방송을 할 수 있습니다. ③ [VTuber] 나만의 아바타를 만들어 아바타로 라이브를 할 수 있습니다.
④ 인물 또는 방송 배경에 다양한 효과를 적용할 수 있습니다. ⑤ 뷰티 또는 컬러의 필터를 적용할 수 있습니다. ⑥ 3가지 방법 중 한 가지를 선택하여 [Ready]를 터치하여 방송을 시작합니다. 2️⃣, 3️⃣ [My Studio] 오른쪽에서 왼쪽으로 밀어 My Studio에 갤러리에 저장된 비디오 및 사진 등을 미리 등록해 놓거나 프리즘에서 기본 제공되는 텍스트 기능들을 선택하여 방송 중 사용할 수 있습니다.
(MY Studio에서 적용된 것을 취소 시 적용한 기능을 다시 터치하면 우측 상단 X 표시로 닫을 수 있습니다.)

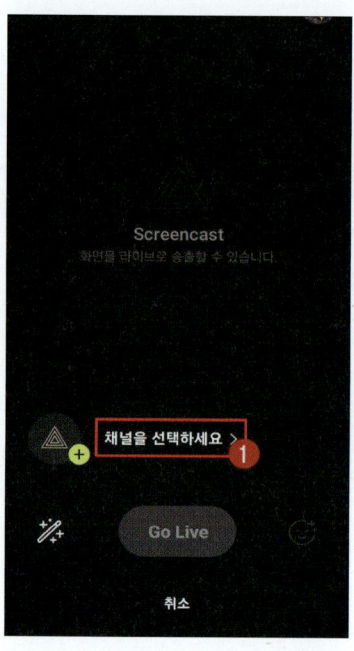 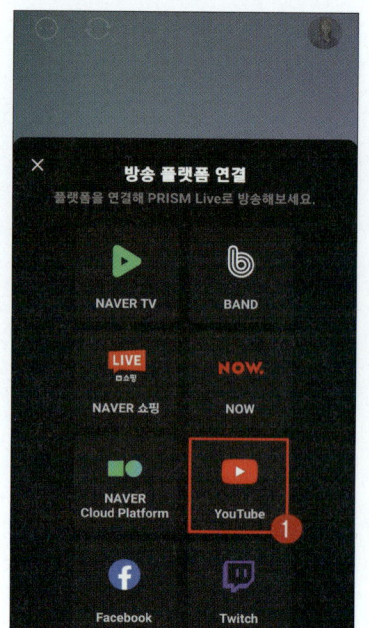 

1 ① 방송을 할 [채널을 선택하세요] 채널을 선택합니다.
2 ① 방송을 시작할 [YouTube]를 선택합니다. (내가 필요한 채널을 선택하시면 됩니다.)
3 ① [YouTube로 연결]을 터치합니다.

 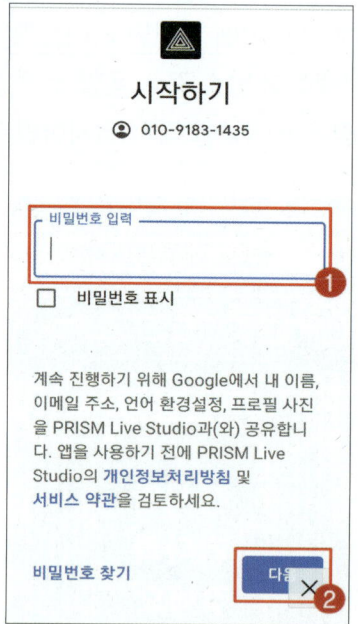 

1 ① [이메일 또는 휴대전화]를 터치하여 전화번호를 입력합니다. ② [다음]을 터치합니다.
2 ① 계정에 대한 [비밀번호]를 입력 후 ② [다음]을 터치합니다.
3 ① 라이브 공개 여부를 선택합니다. ② [확인]을 터치합니다.

1 ① [라이브 제목을 입력해주세요]를 터치하여 방송할 제목을 입력합니다. ② YouTube 미리보기 이미지를 선택하거나 My studio에서 사진 또는 비디오로 인트로를 설정을 할 수 있습니다. ③ [720p]를 터치하여 해상도, 비트레이트, 프레임속도, 키프레임 간격 등 화질 옵션을 선택하여 방송의 최적 상태를 점검하고 방송을 시작할 수 있습니다. ④ [공유]를 터치하여 방송 링크를 복사하여 채팅방에 전달할 수 있습니다. ⑤ [Go Live]를 터치하여 방송을 시작합니다. 2 ① 방송 카운터(3초 후)가 시작되기 전 세로 모드 또는 가로 모드를 정합니다. 3 ① [👤] 방송에 참여한 참여수가 나타납니다. ② 방송 중 좋아요를 누른 수가 나타납니다. ③ 방송 사용할 수 있는 다양한 효과(꾸미기, 뷰티, 채팅, 라이브정보, 공유)를 사용하여 방송할 수 있습니다.

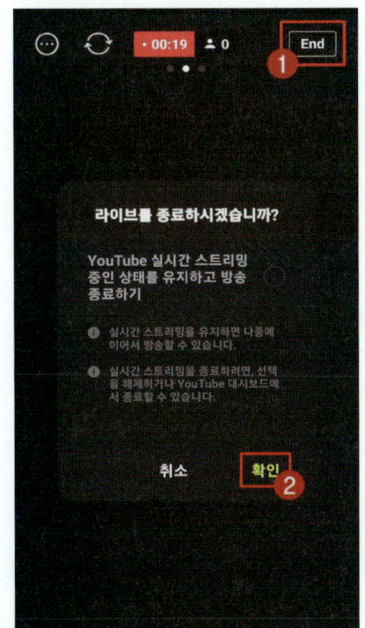  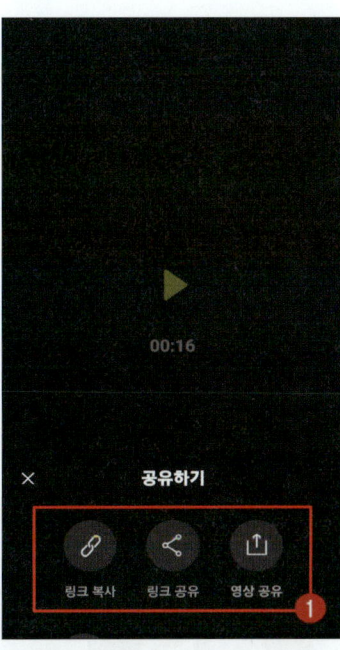

1 ① 우측 상단 [END] 종료를 터치하여 라이브를 마칩니다. ② 라이브를 종료하겠냐는 팝업창이 뜨면 [확인]을 터치합니다. 2 ① [저장]을 터치하여 방송한 영상을 갤러리에 저장할 수 있습니다. ② [공유] 방송된 영상을 다른 곳으로 보낼 수 있습니다. ③ [방송 확인]을 터치하면 방송 후 영상을 모니터링 할 수 있습니다. 3 ① 공유 시 [링크 복사, 링크 공유, 영상 공유] 방식으로 선택하여 보낼 수 있습니다.

20강 유용한 사이트 소개

[비트씽크]
▶ 사진뿐 아니라 비디오도 사용 가능! (1개의 비디오만 선택) 워터마크가 없어요!
▶ 사진이나 비디오를 고르고 템플릿을 선택하기만 하면 멋진 비디오가 만들어집니다.
▶ 비트씽크에서 만들어진 비디오는 키네마스터 앱에 프로젝트 형태로 공유가 가능합니다.

[비타]
▶ 다양한 자막, 음악, 템플릿으로 누구나 쉽게 트렌디한 vlog를 편집할 수 있어요.
▶ 저작권 걱정 없는 1500+개의 다양한 폰트와 자막
▶ 모자이크 기능으로 쉽고 자연스럽게 얼굴, 대상 가리기
▶ 클릭 한 번이면 템플릿 기능으로 트렌디한 vlog 인트로 제작
▶ 썸네일 기능으로 사진 배경 제거해 세련된 썸네일까지 바로 만들기

[별섬뮤직]
▶ 회원 가입이 없으며, 동영상, 음악 MP3 태그 편집이 가능합니다.
▶ 빠르고 쉬운 인터페이스, MP3, 음악을 다운로드 할 수 있습니다.
▶ 빠르고 간편한 플레이, 원하는 영상을 마음껏 사용할 수 있습니다.

[애드블록]
▶ AI 기술이 적용된 광고 없는 웹 경험, 빠르고 안정적인 VPN 및 개인 브라우징 서비스를 만나보세요.
▶ 웹사이트에서 동영상을 볼 때 광고 없이 바로 재생됩니다.
▶ 이 AdBlock 브라우저는 성가신 팝업을 차단하는 데 도움이 됩니다.
▶ 개인 브라우저로서 당사는 항상 제3자가 귀하에게 보내는 광고 쿠키를 차단합니다.

[음악편집기 - 벨소리메이커]
▶ 음악 커터 & 벨소리 만들기를 사용하면 음악의 가장 가장 매력적인 부분을 정확하게 자를 수 있습니다.
▶ 모든 연락처에 대해 유일한 벨소리로 설정할 수 있습니다.
▶ 최고의 멜로디를 만들기 위해, 비트율 및 볼륨 조절을 지원합니다!

[포토샵 카메라]
▶ Adobe Photoshop Camera는 사진을 촬영하기 전에 사진에 가장 적합한 필터와 효과를 추가할 수 있는 무료 사진 편집기 카메라 앱입니다.
▶ AI 기반의 기능이 포함되어 있으므로 적합한 렌즈를 선택하여 셀카, 음식, 풍경, 인물 사진 등을 더욱 멋지게 만들 수 있습니다.
▶ 한 번의 터치로 Photoshop 카메라 필터와 효과를 적용, 수십 가지의 맞춤형 필터를 쉽게 교체할 수 있으며 즐겨찾기에 저장하여 반복적으로 사용할 수 있습니다.

[캡컷 - CapCut]
▶ 손쉬운 만능 영상 편집 도구가 생활 속 아름다운 순간의 편집을 도와 드립니다.
▶ 고급 필터와 원터치 뷰티 효과로 순식간에 작품 완성할 수 있습니다.
▶ 다양한 음악 및 독점 음원 제공
▶ 세련되고 멋진 스티커와 글씨체로 동영상에 재미를 더하세요.

[내 사진을 캐릭터로 ToonMe]
▶ 자동 인공 지능의 마법을 사용하여 사진을 만화나 벡터 스타일로 만들어 주는 앱으로 신체 전체를 만화로 제작이 가능하며 벡터 초상화 템플릿, 다양한 심플 레이아웃과 디자인으로 쉽게 만화로 바꿀 수 있습니다.
▶ 광고, 워터마크 제거를 원하는 경우 프로 사용자로 전환하거나 30초 광고를 시청하면 제거할 수 있습니다.

[다이내믹한 글씨 애니메이션 OQ Animated Text]
▶ 다양한 유형의 애니메이션, 텍스트 스타일로 애니메이션 텍스트 비디오를 만들고 제작합니다.
▶ 다중 애니메이션 텍스트 슬라이드 / 레이어를 추가 할 수 있으며 애니메이션 입장 및 퇴장 애니메이션, 속도 조절 기능이 가능한 텍스트 동영상 변환 앱입니다.

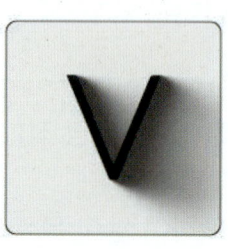

[내 사진에 임팩트한 애니메이션 Vimage]
▶ 다양한 애니메이션 효과와 오버레이, 3D 시차 효과, 움직이는 하늘 효과, 카메라 움직임 등을 통해 생동감 있는 모션사진을 만들어 볼 수 있는 앱입니다.
▶ 사운드 이펙트, 음악을 추가할 수 있고 기본적인 사진 편집 툴을 제공합니다. 프로 요금제에 가입하면 광고 및 워터마크를 제거할 수 있고 여러 혜택이 있습니다.

[내 사진에 임팩트한 애니메이션 Motionleap]
▶ 편집기 사진, 3D 애니메이션 만들기를 위해 만들어진 보정어플 및 애니메이션 만들기 앱입니다. 그림으로 영상 만들기, 다양한 스타일리시 효과, 필터 툴에 3D 라이브 필터와 효과를 줄 수 있으며 얼굴 사진을 라이브 포토로 만들어 주기도 합니다. 최근 업데이트로 AI 기능이 추가 되어 Text to Image에서 텍스트를 입력하면 이미지로 변환되며 여러 가지 효과를 적용할 수 있습니다.

[Stidio Did]
▶ 인공지능(AI)을 활용한 최첨단 이미지 및 동영상 편집 서비스를 제공하는 혁신적인 온라인 플랫폼
▶ 인물 사진을 넣고 ai보이스를 지정해 주면 간단하게 움직임을 만들어 주는 PC 프로그램으로 무료 시험판은 14일간만 사용이 가능합니다.
▶ 게임용 컷신, 캐릭터, 애니메이션 아바타 만들기, 단편 영화, 뮤직비디오, 가상 투어, 제품 리뷰, 희극 대본, 만화, 뉴스 리포트, 스토리북 등 다양한 미디어 콘텐츠를 제작할 수 있습니다.

[Video Stew]
▶ 대본을 넣기만 하면, 대본 내용을 인식을 해서 거기에 알맞은 영상을 추전을 해주고 영상을 만들 수 있는 PC 프로그램 14일간만 무료로 사용 가능합니다.
▶ 업무별 혹은 캠페인에 따라 작업물/리소스/팀원을 별도로 관리하고 언제든지 수정할 수 있습니다.
▶ 완성된 작업물을 다운로드 할 필요 없이 제목 및 텍스트 설명 및 태그까지 한 번에 작업해서 배포하세요.